Eine gute Küche ist das Fundament
allen Glücks.
Auguste Escoffier

Teigtaschen *aus aller Welt*

von
Regina Röhner

Seite 2: Tortelloni aus Norditalien

Trotz gewissenhafter Bearbeitung kann eine Haftung für den Inhalt nicht übernommen werden. Für aktuelle Ergänzungen und Anregungen ist der Verlag jederzeit dankbar.
Wir bedanken uns bei allen, die uns unterstützt haben.

Impressum

Gerichtsweg 28, 04103 Leipzig
Tel.: 0341 / 493574-0, Fax: 0341 / 493574-40
www.buchverlag-leipzig.de

Bildnachweis: Seite 128
Gestaltung und Satz: Gudrun Hommers, Berlin
Druck: Druckhaus Gera
Bindearbeiten: Müller Buchbinderei GmbH, Leipzig
Printed in Germany

1. Auflage 2024
ISBN 978-3-89798-674-9

Inhaltsverzeichnis

Kleine Genüsse aus aller Welt

Ravioli, Maultaschen, Tortellini, Tortelloni, Schlutzkrapfen, koreanische Mandu, chinesische Jiaozi, japanische Gyoza, slawische Pelmeni und Wareniki, spanische Empanadas, herzhaft gefüllte Blätterteigecken, indische Samosas, jüdische Knishes und mehr – sie alle bieten Genuss in feiner Teighülle und eine kleine Weltreise am Küchentisch.

Sicher, etwas Zeit, Aufwand und Geduld sind dafür nötig. Teig und Füllung müssen zubereitet werden und das Befüllen ist aufwändig. Aber die kleinen, manchmal auch etwas größeren Köstlichkeiten, ob nun mit Gemüse, Fleisch,

Meeresfrüchten oder einer Mischung von allem gefüllt, umhüllt von zartem Nudelteig, knusprigem Blätterteig oder Mürbeteig, frittiert, gedämpft, gekocht, gebraten oder gebacken, sind wahre Gaumenschmeichler voller Überraschungen. Der Teigmantel sorgt dafür, dass die Aromen der Füllung beim Garen vollständig erhalten bleiben und sich erst beim Essen im Mund entfalten.

Abgeschmeckt mit landestypischen Gewürzen, zaubern sie die Aromen der Welt auf den Teller, ob als Snack, Vorspeise oder Hauptgericht. Dazu ein Dip, ein Salat, eine Würzsoße oder landestypisches Getränk.

Teigtaschen waren und sind auch eine beliebte und preiswerte Möglichkeit, um Reste vom Vortag zu einer Köstlichkeit aufzuwerten.

Es bereitet Freude und verringert den Aufwand, wenn man sich in die Arbeit teilt und dann gemeinsam genießt. Die meisten Rezepte sind für 2 bis 4 Personen angelegt, erprobt und für gut befunden. In der Vielfalt kann jeder seine Lieblingsteigtasche finden, die sein „Herz berührt".

Pelmeni sind heute auch in Deutschland beliebt und gern gegessen (Rezept Seite 63).

Küchen- und Zubereitungstipps

Wichtige **Utensilien** sind Backbrett, Rollholz und Teigrädchen. Zum Ausstechen reicht eigentlich ein Wasserglas.

Eine Nudelmaschine verringert den Aufwand beim Ausrollen und sorgt für gleichmäßig dünne Teigstreifen. Das Ausstechen, Formen und Verschließen der Teigtaschen vereinfacht sich erheblich mit einem Dumpling-Maker-Set oder einer Pelmeni- bzw. Knödelform.

Spinat gehört zu den Grundzutaten vieler europäischer Teigtaschen. Dafür

Mit einer Nudelmaschine perfekt formen

entweder frischen Spinat blanchieren, gut ausdrücken und zerkleinern oder TK-Blattspinat verwenden, den es sowohl in Bio- als auch Demeter-Qualität zu kaufen gibt. Alternativ können auch Wildspinat, gemischte grüne Kräuter oder Salat verwendet werden.

Für viele Teigtaschen wird **Bröselquark oder -topfen** benötigt. Er sollte wenigstens 3/4 Fettstufe haben. Es gibt ihn als Quarki (Frischkäse – Dreiviertelfettstufe), als polnischen Quark (*Twaróg*) oder Quark nach russischer Art in vielen deutschen Supermärkten zu kaufen.

Obwohl es aufwändig ist, lohnt es sich, das Fleisch für die Füllung selbst zu wolfen.

Praktischer Helfer: Pelmeniform

Nudelteig-Zubereitung
Mehl(e) in eine Schüssel oder auf das Backbrett geben. In die Mitte eine Mulde drücken. Die übrigen Zutaten hineingeben. Nicht gleich die gesamte angegebene Wassermenge zugeben, sondern nach Bedarf nachgießen. Von innen nach außen die Zutaten vermengen und gründlich zu einem glatten Teig verkneten.

Oder die Zutaten in der Küchenmaschine miteinander verkneten und den Teig abschließend von Hand nochmals gründlich durcharbeiten.

Den fertigen Teig mit einem feuchten Tuch abgedeckt oder in Frischhaltefolie gewickelt mindestens 30 Minuten ruhen lassen. Eihaltige Teige bis zur Verwendung im Kühlschrank ruhen lassen.

Beim **Ausstechen** die Formen (oder das Glas) immer wieder in etwas Mehl oder Stärke eintauchen, damit nichts anklebt. Dafür 1–2 TL Mehl auf dem Backbrett auf einer etwa 10 cm x 10 cm großen Fläche verteilen.

Die Arbeitsfläche ausreichend bemehlen.

Beim Verschließen der Teigtaschen darauf achten, dass die Füllung möglichst dicht ist und keine Luft eingeschlossen wird.

Entscheidend ist, dass der Teig nicht einreißt, dabei aber so dünn ist, dass nicht der Teig, sondern die Füllung dominiert.

Füllungen mit Hilfe zweier Löffel oder mit einer Spritztüte auf den Teig geben.

Einfrieren I:
Die „rohen" Teigtaschen auf Nudelteigbasis einzeln auf ein leicht bemehltes Blech oder Brettchen legen und im Gefrierschrank anfrieren lassen. Erst dann in ein Behältnis umfüllen (verkleben sonst). Für den Verzehr die gefrorenen Teigtaschen in kochendes Salzwasser oder Brühe geben und garen oder dämpfen.

Einfrieren II:
Im Ofen gebackene oder in Öl frittierte Teigtaschen nach dem Abkühlen einfrosten. Zum Verzehr auftauen und auf Backpapier im Ofen bei 160 °C Umluft aufbacken.

Teigtaschen aller Art

Deutsche Ravioli

Schon im Kochbuch der Sabina *Welserin* von 1553, die einer im Raum Nürnberg und Augsburg ansässigen Familie von Großkaufleuten entstammte, findet sich ein Rezept für Ravioli (Nr. 31 *Ravioli zu machen*).

Ravioli historisch, nach Sabina Welser

Nehmt Spinat und überbrüht ihn, als ob ihr Spinatgemüse machen wollet, und hackt ihn klein. Nehmt ungefähr eine Handvoll, wenn er gehackt ist, und Käse oder Brät von einer Henne oder

einem Kapaun, das gekocht oder gebraten sein kann.

Dann nehmt vom Käse zweimal soviel wie vom Kraut und vom Brät genausoviel und schlagt zwei oder drei Eier hinein und macht einen schönen Teig, tut Salz und Pfeffer hinein und macht einen Teig mit Weizenmehl, als ob ihr eine Torte machen wolltet, und wenn ihr den Fladen gemacht habt, dann tut ihr einen kleinen Batzen Füllung an den Rand des Fladens und formt ihn zu einem Krapfen. Und drückt ihn an den Rändern gut zusammen und legt ihn in Fleischbrühe und laßt ihn ungefähr so lange wie weiche Eier kochen.

Das Brät soll kleingehackt sein und der Käse kleingerieben.

Gefüllt werden die *Krapfen* aus dünn ausgerolltem Nudelteig mit einer Mischung aus blanchiertem, fein zerkleinertem Spinat, geriebenem Käse und Brät von gegartem Hühner- oder Kapaunenfleisch, gewürzt mit Salz und Pfeffer, gebunden mit Ei. Das Mengenverhältnis von Spinat – Käse und Fleischbrät ist 1:2:2.

Gegart werden die *Krapfen* etwa 5 Minuten in Fleischbrühe.

Maultaschen

Teigtaschen mit Mangold- oder Kräuterfüllungen, gegart in einer Gemüsebrühe, gehörten in den Klöstern und auch in bürgerlichen Haushalten zu den Fastenspeisen. Bezeichnet wurden sie als *Krapfen* oder *Ravioln*.

Angeblich verdanken die *Schwäbischen Maultaschen* ihre Entstehung einem Laienmönch des Zisterzienserklosters Maulbronn. Er habe in der Fastenzeit, als Fleischverzehr tabu war, ein Stück Fleisch, fein zerkleinert und mit Semmelkrume, Zwiebeln und viel gehacktem Grünzeug vermengt, in Teigtaschen versteckt, um es so vor den Augen Gottes zu verbergen. Die Legende brachte den Maultaschen die Bezeichnung „Herrgottsbscheißerle" ein.

Maultaschen nach sparsamer Hausfrauenart

Nudelteig:
250 g Mehl, 2 Eier
1/2 TL Salz, (1 Prise Muskat)

Außerdem:
2 altbackene Brötchen (ca. 100 g)
40 g Butter oder Schmalz
1 fein gewürfelte Zwiebel
250 g frischer oder 125 g TK-Spinat
250 g gemischtes Hackfleisch oder Bratwurstmasse
1–2 EL fein gehackte Petersilie
1 Ei, 1 Eigelb
Salz, Pfeffer, Muskat
1 Eiweiß zum Bestreichen
Petersilie, Schnittlauch
Butter

Mehl, Eier und Salz zu einem geschmeidigen Teig verarbeiten. Wenn nötig etwas Wasser einarbeiten. Abgedeckt 30 Minuten ruhen lassen.

Die Brötchen in Scheiben schneiden, in lauwarmer Milch oder Wasser 20 bis 30 Minuten einweichen, gut ausdrücken und klein zupfen.

Zwiebelwürfel in zerlassener Butter glasig dünsten. (Frischen Spinat kurz blanchieren, ausdrücken, fein hacken.) Feinfrostspinat dazugeben und kurz mitgaren. Etwas abkühlen lassen. Mit Fleisch, Petersilie und Ei vermengen, mit Salz, frisch geriebenem Muskat und Pfeffer kräftig abschmecken und zu einer geschmeidigen Masse verkneten. (Ist er zu weich, etwas geriebene Semmel zugeben.) Den Teig mit der Nudelmaschine oder dem Rollholz zu dünnen, etwa 10 cm breiten Bahnen ausrollen und füllen.

Füll-Variante I:
Von je zwei gleich großen Bahnen immer eine in Abständen mit der Fleisch-Spinat-Füllung belegen. Den Rand um die Füllung mit Eiweiß bestreichen und die zweite Teigplatte auflegen. So andrücken, dass sich die Füllung in der Mitte befindet. Mit dem Teigrädchen in einzelne Maultaschen schneiden.

Füll-Variante II:
Die Füllung mittig auf den Teig in einem 2 cm breiten Streifen verteilen und den Teig von beiden Seiten darüberschlagen. (Für besseren Halt die Ränder vorher mit etwas Eiweiß oder Wasser bestreichen.)

Mit einem leicht bemehlten Kochlöffelstiel im Abstand von 10 bis 12 cm die einzelnen Maultaschen abteilen und mit einem Messer oder Teigrädchen abschneiden.

In reichlich siedendem Salzwasser die Maultaschen etwa 10 Minuten ziehen lassen. Mit der Schaumkelle herausheben, abtropfen lassen und mit in Butter goldbraun gebratenen Zwiebelringen oder in Butter gerösteten Semmelbröseln als „geschmälzte" Maultaschen servieren.

Mit Schnittlauchröllchen und (oder) gehackter Petersilie bestreuen.

Für **vegetarische Maultaschen** das Hackfleisch durch kurz angebratene Gemüsewürfel (Möhren, Sellerie, Paprika) oder Pilze ersetzen.

Gebratene Maultaschen

Nudelteig:
wie Seite 24/25
Butter, Butterschmalz oder Rapsöl

Füllung:
450 g fein gewolftes Fleisch (Rind und Schwein) oder 450 g gemischtes Hackfleisch
2 EL Rinder- oder Gemüsebrühe
25 g geräucherter Schweinebauch
200 g TK-Spinat
3 Lauchzwiebeln
(2 EL Möhrenraspel)
1 Ei
Salz, Pfeffer

Das Hackfleisch mit der Brühe gründlich verrühren, dabei den Löffel immer nur in eine Richtung führen. Den Schweinebauch sehr fein würfeln. Aufgetauten Spinat ausdrücken und fein hacken. Zwiebellauch in Halbringe schneiden, Zwiebeln klein hacken. Zusammen mit dem Ei (und Möhrenraspel) unter die Hackmasse rühren, mit Salz und Pfeffer abschmecken.

Den Teig dünn ausrollen, nach Variante II (Seite 26) befüllen, formen und mit dem Kochlöffelstiel in 12 cm breite Maultaschen teilen. Die abgeschnittenen Maultaschen etwa 8 bis 10 Minuten in kochendem Salzwasser garen. Gut abtropfen, in heißer Butter oder Rapsöl von beiden Seiten golden anbraten, warm stellen. Sind alle zubereitet, können sie serviert werden, zusammen mit „schlotzigem" schwäbischem Kartoffelsalat (Rezept Seite 32).

Schwäbischer Kartoffelsalat

Beilage für 4 bis 6 Personen

600 g fest- oder vorwiegend festkochende Kartoffeln
1 kleine Zwiebel
3 EL Raps- oder Sonnenblumenöl
200 ml kräftige Rinder- oder Gemüsebrühe
1–2 EL Weißwein- oder Apfelessig
1 geh. TL scharfer Senf
1 Prise Zucker
Salz
Pfeffer aus der Mühle
Schnittlauchröllchen

Die gewaschenen Kartoffeln mit Schale in Salzwasser gar kochen. Abgießen und abdampfen. Noch lauwarm schälen, in dünne Scheiben schneiden oder hobeln.

Die Zwiebel in feine Würfel schneiden. In einem Topf 1 EL Öl erwärmen, Zwiebelwürfelchen glasig anschwitzen. Brühe angießen und aufkochen. Vom Herd nehmen. Senf, Essig und Zucker unterrühren und mit Salz und Pfeffer leicht „überwürzen". Über die Kartoffeln gießen. Gründlich mischen. 30 Minuten ziehen lassen. 2 EL Öl unterrühren, abschmecken und bei Bedarf nachwürzen. Lauwarm, mit Schnittlauchröllchen bestreut, servieren.

Tipp: Für besonders „schlotzigen" Salat 1 bis 2 EL Kartoffelscheiben fein zerdrücken und untermengen.

Gefüllte Blätterteigecken

Für 8 Stück

ca. 200 g Porree (blanchiert 140–150 g)
100 g Iberico- oder anderer halbfester Schnittkäse
150 g Schinken oder Schinkenwurst
1 Ei
300 g Butterblätterteig (Kühltheke oder selbstgemacht)
1–2 EL schwarzer Sesam
Salz, Pfeffer, evtl. Chili

Porree putzen, in 2 bis 3 Stücke schneiden und diese längs halbieren. In kochendem Salzwasser 1 bis 2 Minuten blanchieren. Kalt abschrecken. Gut ausdrücken und klein schneiden, mit fein gewürfeltem Käse und Schinken vermengen.

Das Ei in einer Tasse verquirlen und die Hälfte zur Füllung geben. Alles vermischen. Mit Pfeffer, Salz und evtl. Chili abschmecken. Restliches Ei mit 1 EL Wasser verrühren.

Den Blätterteig dünn ausrollen auf 40 cm x 25 cm oder 40 cm x 30 cm. (Teig aus der Kühltheke ist schon ausgerollt). In 8 (10 cm x 12,5 cm) oder 12 (10 cm x 10 cm) Stücke schneiden. Mit Fülle belegen, dabei darauf achten, dass der Rand freibleibt. Zu Rechtecken oder zu Dreiecken umklappen. Gut andrücken. Auf dem mit Backpapier belegten Blech verteilen. Mit dem verquirlten Ei bepinseln und mit Sesam bestreuen. Im vorgeheizten Herd bei 200 °C Ober- und Unterhitze 18 bis 22 Minuten backen. Lauwarm genießen.

Kärntner Kasnudeln

Für ca. 18 Stück

Kärntner Nudeln gibt es auch als *Fleischnudel*, *Erdäpfelnudel* (mit purer Kartoffel-Füllung) und *Herrnpilznudel* (mit Steinpilz-Füllung).

Vom „Krendln", dem korrekten Formen der Kasnudel, hing einst der Wert einer Frau auf dem regionalen Heiratsmarkt ab:

A Dirndl, dos nit krendln kon, kriagt kan Monn.

Teig:

300 g Mehl Type 550
1 Ei (Größe M)
4 g Salz
100–125 ml lauwarmes Wasser

Füllung:
450 g mehlig kochende Kartoffeln
300 g Bröselquark oder Topfen
1 EL Öl oder Schmalz
1 Zwiebel
1 TL Kerbel
1 EL Kärntner Nudelminze
Pfeffer, Salz

Die Teigzutaten gründlich kneten und in Frischhaltefolie (oder in der Schüssel mit einem angefeuchteten Tuch abgedeckt), 30 bis 60 Minuten bei Zimmertemperatur ruhen lassen.

Für die Füllung: Kartoffeln schälen, grob in Stücke schneiden und in Salzwasser geradeso weichkochen. Abgießen und abdampfen. Stampfen oder pressen. Die fein gehackte Zwiebel in Öl goldbraun anrösten. Die etwas abge-

kühlte Kartoffelmasse mit Bröselquark, Röstzwiebeln und frischen, fein gehackten Kräutern vermischen. Mit Pfeffer und Salz abschmecken. Mit den Händen gut verkneten und daraus Bällchen von etwa 3 cm Durchmesser formen.

Den Teig ausrollen. Kreise von ca. 10 cm Durchmesser ausstechen, mit je einem Kartoffelbällchen belegen. Den Teig darüber schlagen, die Füllung etwas breitdrücken und die Ränder fest verschließen.

Charakteristisch für die traditionelle Kasnudel ist der „gekrendelte" Rand. Er entsteht durch zackenartiges Zusammendrücken der gegeneinander liegenden Teigränder und ist für Ungeübte schwierig. Einfacher ist es, den Rand mit einer Gabel zu verschließen.

In kochendem Salzwasser etwa 8 bis 15 Minuten garen. Die Kasnudeln mit brauner Butter oder mit gebratenen Speck- oder Schinkenspeckwürfelchen servieren.

Übrig gebliebene Kasnudeln in Butterschmalz oder Butter goldbraun braten.

Tipp: Die frischen Kräuter können durch je 1–2 Msp. getrocknete Kräuter ersetzt werden.
Kärntner Nudelminze (*Mentha austriaca*) ist auch als Braune Minze bekannt.

Tiroler Schlutzkrapfen

Für 4 Personen

Schlutzkrapfen, auch *Schlutzer, Schlick-, Schlier- oder Schlipfkrapfen* genannt, sind eine Tiroler Spezialität, aber auch im italienischen Südtirol berühmt. Die sächsische Kurfürstin Anna (1532–1585) bereitete sie nach einem Rezept des Wiener Hofes zu mit hellem Mehl und einer Füllung von blanchiertem, fein geschnittenem Salat und Parmesan.

Teig:

100 g Roggenmehl Type 997
150 g Weizenmehl Type 550
1/2 TL Salz, 1 Ei
50–60 ml lauwarmes Wasser
2 EL Öl

Füllung:

150 g TK- oder ca. 300 g frischer Spinat
1 EL Petersilie, 1 EL Schnittlauch
20 g Butter, 40 g Zwiebel
100 g Bröselquark oder Topfen
3 geh. EL Parmesan
Muskat, Pfeffer aus der Mühle, Salz
Parmesan, 40–50 g Butter

Die Mehle in einer Schüssel vermischen und salzen. Eine Mulde eindrücken. Das Ei mit lauwarmem Wasser und dem Öl verquirlen, in die Mulde gießen und alles zu einem glatten Teig verkneten. Den Teig in Frischhaltefolie wickeln und 30 bis 60 Minuten ruhen lassen.

Den vorbereiteten Spinat und die Kräuter fein hacken. In einer Kasserolle

20 g Butter erhitzen, Zwiebelwürfelchen darin glasig dünsten. Spinat und Kräuter unterrühren. In eine Schüssel umfüllen, etwas abkühlen lassen, dann Bröselquark und geriebenen Parmesan unterrühren und mit frisch geriebenem Muskat, Pfeffer und Salz abschmecken.

Den Teig dünn ausrollen. Kreise von ca. 8 cm Durchmesser ausstechen. In die Mitte jedes Teigkreises etwa 1 EL Füllung geben. Teigrand mit Wasser oder Eiweiß bestreichen. Zu Halbmonden falten und die Ränder mit den Zinken einer Gabel festdrücken. In sprudelnd kochendes Salzwasser geben und etwa 5 bis 8 Minuten garen. Herausheben, gut abtropfen lassen und servieren. Dafür mit Parmesan bestreuen und mit heißer Butter beträufeln.

Ravioli mit Bratenfüllung

Für 36 Stück à 5 cm x 5 cm

Entweder extra einen Schmorbraten zubereiten und einen Teil davon für diese Köstlichkeit nutzen oder einen Rest Schmorbraten oder Rindergulasch verwerten.

Teig:

250 g Weizenmehl oder Weizenmehl und Semola gemischt
2 Eier oder 4 Eigelb
1/2 TL Salz (3 g)

Außerdem:

350 g Rinderschmorbraten plus Soße oder Rindergulasch
1 Ei, 60 g Parmesan
Parmesan zum Servieren

Das Mehl mit 2 Eiern und einer Prise Salz in der Küchenmaschine zu einem glatten, geschmeidigen Teig verkneten. Dabei je nach Bedarf etwas Wasser zugeben. Den Teig zu einer Kugel formen und in Frischhaltefolie wickeln. Im Kühlschrank 1 bis 2 Stunden ruhen lassen.

Für die Füllung das geschmorte Fleisch klein schneiden. Zusammen mit dem Ei und geriebenem Parmesan mit dem Pürierstab oder im Mixer zu einer geschmeidigen Masse pürieren. Falls nötig, etwas Braten- oder Gulaschsoße dazugeben.

Mit der Nudelmaschine Stufe für Stufe oder mit dem Rollholz den Teig dünn ausrollen, in 5 cm breite Streifen schneiden. Die Hälfte der Streifen in etwa 3 cm Abstand mit Füllung belegen. (Am besten mit 2 Teelöffeln kleine

Nocken formen.) Die anderen Streifen vorsichtig auflegen. Andrücken und die Ravioli ausschneiden. Auf einem bemehlten Küchentuch oder Backbrett auslegen, kurz antrocknen. Dann in kochendem Salzwasser 3 bis 4 Minuten garen. Mit Tomatensoße (und restlicher Bratensoße) servieren. Über jede Portion noch etwas Parmesan reiben.

Tipp: Die gegarten Ravioli können noch kurz in Butter angebraten werden.

Ravioli mit Ricotta-Pilz-Füllung

Teig:
wie Seite 46

Füllung:
200 g Steinchampignons
1 Knoblauchzehe
1–2 EL Öl
1 Frühlingszwiebel oder Zwiebellauch
½ Bund Petersilie
75–100 g Ricotta
25 g Parmesan
Salz, Pfeffer
Zum Anrichten: geschmolzene Butter und Parmesan

Den Teig wie Seite 48 beschrieben zubereiten und ruhen lassen. Für die Füllung: Die geputzten Champignons in

Scheiben schneiden, in Öl anbraten. Die angedrückte Knoblauchzehe zugeben. Salzen und pfeffern.

Petersilienblättchen abzupfen. Einige für Deko beseite legen. Die restlichen Blätter und die Stängel klein schneiden.

Die gebratenen Pilze etwas abkühlen lassen, dann hacken. Mit fein geschnittenem Zwiebellauch, Petersilie, Ricotta und Parmesan vermengen. Mit Salz und Pfeffer kräftig abschmecken. Füllen wie Seite 48 beschrieben.

Tipp: Ravioli als Rechtecke oder Kreise ausstechen. Mit in Butter gebratenen Pilzen anrichten. Statt Petersilie kann man zur Deko auch Basilikum verwenden.

Tortellini

Für 60 bis 70 Stück

Ein Koch sei vom Anblick des Bauchnabels einer ruhenden Schönen – der Venus oder der Herrin des Hauses – so überwältigt gewesen, dass er zur Erinnerung an ihren Nabel aus Nudelteig diese ringförmigen Täschlein formte.

Nudelteig:

250 g Weizenmehl
(oder 200 g Weizenmehl Type 550 und 50 g Semola)
3 g Salz
1 EL Olivenöl
1 Ei
Mehl zum Ausrollen

Füllung:
250 g Hähnchenbrust oder -innenfilet
30 g Butter oder Hühnerbrühe
1 geh. TL *Crème fraîche*
1 Eigelb
30 g frisch geriebener Parmesan
Abrieb von 1/2 Biozitrone
Salz, Pfeffer, Muskat

Salbeibutter:
50–75 g Butter
10–12 frische Salbeiblätter
1 Prise Salz

Einen Nudelteig wie auf Seite 48 zubereiten.

Für die Füllung Hähnchenbrust in Streifen schneiden. Das Fleisch etwa 10 Minuten in der Butter sanft garen

(es soll keine Farbe annehmen) oder in etwas Hühnerbrühe garziehen lassen. Dann grob hacken, *Crème fraîche* und Eigelb unterrühren. Alles mit dem Pürierstab zu einer feinen Masse verarbeiten. Käse und Zitronenabrieb unterrühren. Mit Salz, Pfeffer und einer Prise frisch geriebenem Muskat abschmecken.

Teig halbieren, mit der Nudelmaschine oder dem Rollholz dünn ausrollen. Kreise von 5 cm Durchmesser ausstechen. In die Mitte jedes Teigkreises 1/2 TL Füllmasse platzieren, am besten mit Hilfe von zwei Teelöffeln eine kleine Nocke formen.

Falls erforderlich, die Kreisränder etwas anfeuchten. Die Kreise zu Halbkreisen falten und die Ränder fest andrücken. Die Halbkreise an den Rändern etwas auseinanderziehen, um den

Zeigefinger wickeln, die Spitzen übereinanderlegen und zusammendrücken.

Die fertigen Tortellini auf einem leicht bemehlten Backbrett oder bemehltem Leinentuch ablegen. In reichlich kochendem Salzwasser ca. 6 bis 8 Minuten garen. Inzwischen Butter schmelzen, Salbei in Streifen schneiden und in der Butter anbraten. Dabei etwas salzen. Achtung: nicht verbrennen lassen.

Tortellini mit der Schaumkelle entnehmen. In einer Schüssel mit Salbeibutter übergießen (oder jede Portion einzeln). Mit frisch gehobeltem Parmesan servieren.

Tipps: Bleibt Teig übrig, kann er zu Nudeln verarbeitet werden.

Ungekochte Tortellini kann man einfrieren (Seite 17 Variante I).

Statt Hähnchenfleisch für die Füllung Putenbrust, Schweinehackfleisch, Schinken, Wurst (speziell Salsiccia) oder Käse verwenden.

Tortelloni

Diese gefüllten Teigtaschen aus Norditalien ähneln den Tortellini, sind aber größer (siehe Foto Seite 2). Dafür Teigkreise von 7 bis 8 cm Durchmesser ausstechen. Meist werden sie mit Ricotta und Blattgemüse, wie Mangold, Spinat oder Petersilie, gefüllt. Die Füllung kann aber auch aus Fleisch und Parmesan bestehen.

Polnische Piroggen

Für 4 Personen

Für „pierogi" hat jede Familie ihre eigenen traditionellen Rezepte, mit saisonalen Zutaten und persönlichen Vorlieben. Allgemein beliebt sind „pierogi ruskie" mit einer Füllung aus Zwiebeln, polnischem Quark und gestampften Kartoffeln.

Nudelteig:

250 g Weizenmehl Type 550
1 Ei, ca. 100 ml Wasser
Salz, Mehl zum Ausrollen

Außerdem:

250 g mehlig kochende Kartoffeln
150–200 g polnischer Quark, 3/4 Fettstufe
(gut abgetropfter Schichtkäse)

70 g Zwiebel
70 g Butter
Salz, Pfeffer
gehackte Petersilie
4 EL Schmand

Wie Seite 14 beschrieben einen Nudelteig zubereiten. Abgedeckt 30 Minuten ruhen lassen.

Die Kartoffeln schälen, klein schneiden und in Salzwasser weichkochen, abgießen und ausdampfen lassen. (Kartoffeln können auch am Vortag als Pellkartoffeln gekocht und am nächsten Tag gerieben werden.) Zwiebelwürfel in 50 g Butter sanft anbraten. Die Hälfte der Butter-Zwiebel-Mischung und den Quark zu den Kartoffeln geben. Mit dem Stampfer vermengen. Mit Salz und Pfeffer abschmecken.

Den Teig dünn ausrollen, 10 cm große Kreise ausstechen (etwa 20 bis 24). Auf die Kreise 2 TL Füllung geben. Halbmonde formen. Rand mit Gabel fest andrücken.

In einem großen Topf Salzwasser erhitzen. Erst wenn es kocht, die Piroggen zügig hineingeben. 5 bis 6 Minuten garziehen lassen. Wenn sie an der Oberfläche schwimmen, mit der Schaumkelle herausheben und abtropfen lassen.

Zwischenzeitlich unter Zugabe von 20 g Butter die restliche Butter-Zwiebel-Mischung erhitzen. Die Piroggen damit übergießen. Mit Petersilie und Schmand servieren.

Tipp: ACHTUNG: Unser „normaler" Quark eignet sich nicht!

Pelmeni

Für ca. 60 Stück

Nudelteig:

300 g Weizenmehl Type 550
1/2 TL Salz (3 g), 1 Ei (Größe M)
ca. 120 ml Wasser

Für die Füllung:

je 300 g Rind- und Schweinefleisch
(oder 600 g gemischtes Hackfleisch)
50–60 g Zwiebelwürfelchen
1 geh. EL gerebelter Majoran
30–40 ml Rinderbrühe
1 Prise Zucker
Salz, Pfeffer
Butter
saure Sahne oder Schmand
Dill, Petersilie

Aus den Zutaten einen Nudelteig kneten. Abgedeckt 30 bis 45 Minuten ruhen lassen.

Für die Füllung das Fleisch in Würfel schneiden und wolfen oder Hackfleisch verwenden. Mit Zwiebelwürfelchen, Majoran, Brühe und Zucker gut vermengen, mit Salz und Pfeffer abschmecken. Kleine Fleischbällchen (etwa 2 cm Durchmesser) formen.

Den Teig dünn ausrollen und mit einem Ausstecher (6 cm Durchmesser) oder einem Wasserglas Kreise ausstechen. Mit den Hackbällchen belegen. Die Teigränder zusammendrücken. Den Halbkreis ähnlich wie bei Ravioli an den Enden verbinden.

Die Pelmeni jetzt ins kochende Salzwasser geben und etwa 6 bis 8 Minu-

ten garen. Mit der Schaumkelle aus dem Wasser auf eine Platte heben und sofort mit geschmolzener Butter begießen. Mit saurer Sahne oder Schmand servieren. Zusätzlich mit fein gehacktem Dill oder Petersilie bestreuen.

Tipps: Mit frisch gewolftem Fleisch besonders lecker. In Sibirien ist es üblich, die Pelmeni vor dem Garen noch einige Stunden kalt zu stellen.

Pelmeni werden auch gern mit etwas Brühe in einem Töpfchen serviert, meist noch mit Käse überbacken. Alternative Füllzutaten sind Pilze oder Lachs.

Pelmeni können roh eingefroren werden (Seite 17 Variante I).

Wareniki

Für ca. 28 bis 30 Stück

Auch Wareniki sind in der slawischen Küche beliebt. In der Ukraine gehören die halbmondförmigen Teigtaschen zu den Nationalgerichten.

Teig:
250 g Mehl Type 550
1/2 TL Salz
1 Ei (Größe M oder S)
ca. 80–125 ml Wasser (abhängig von der Ei-Größe und vom Mehl)

Füllung:
2 Zwiebeln (ca. 120 g), 1–2 EL Öl
500 g gegarte Salzkartoffeln
1 Ei, Salz, Pfeffer
Bauchspeck

Aus Mehl, Salz, Ei und Wasser einen Nudelteig nach Rezept auf Seite 14 zubereiten. Bei Zimmertemperatur abgedeckt 30 Minuten ruhen lassen.

Die Zwiebelwürfel in Öl goldbraun rösten. Die Kartoffeln stampfen oder reiben. Das Ei und die Hälfte der Röstzwiebeln unterrühren. Mit Salz und Pfeffer abschmecken.

Den Teig 1 bis 2 mm dünn ausrollen. 8 bis 10 cm große Kreise ausstechen. Mit je 1 EL Füllung belegen. Die Ränder andrücken und den Rand plisseeartig falten (immer wieder nach innen drücken). Am einfachsten einen Dumplingformer nutzen. In reichlich kochendem Salzwasser 5 bis 6 Minuten garen. Wenn sie oben schwimmen, noch etwas ziehen lassen, dann mit der Schaumkelle herausheben und auf einer Platte verteilen.

Bauchspeck würfeln, knusprig braten und zusammen mit den Röstzwiebeln über die Wareniki verteilen. Alternativ mit Butter begießen und mit Schmand (Smetana) servieren. Dazu Gartensalat reichen.

Variante:
400 g geriebene Pellkartoffeln, 5–6 klein gehackte Champignons, die zusammen mit 30–50 g Zwiebelwürfelchen in Butter angeschwitzt wurden. Mit Salz, Pfeffer und Majoran würzen.

Tipps: Weitere beliebte Füllzutaten sind gestampfte Kartoffeln, gegarter Weißkohl oder Sauerkraut, Pilze, vorgekochtes Fleisch.

Wareniki können am nächsten Tag in der Pfanne mit Butter oder Öl knusprig aufgebraten werden.

Ägyptische Teigtaschen – Hawawshi

Für 4 große Teigtaschen für 2 bis 4 Personen

Teig:
10 g Frischhefe, 1 Prise Zucker
250 g Weizenmehl Type 550
3 g Salz
25 ml Oliven- oder Sonnenblumenöl
50 g Vollmilchjoghurt

In 125 ml lauwarmem Wasser die zerbröckelte Hefe mit dem Zucker gut verrühren. Das Mehl in der Backschüssel mit dem Salz vermischen, aufgelöste Hefe, Öl und Joghurt dazugeben und mit der Küchenmaschine (oder von Hand) gründlich verkneten. Abgedeckt bei Zimmertemperatur 20 bis 30 Minuten gehen lassen.

Füllung:
250 g Rinderhackfleisch
(alternativ Lamm oder Ziege) –
besser Tatar
60–80 g Zwiebel
1 Knoblauchzehe
1/2 rote Spitzpaprika
1–2 EL Petersilie
1 Prise Salz
1 gestr. TL Thymian
schwarzer Pfeffer
Chiliflocken (oder Pul Biber)
Paprika, edelsüß
Kreuzkümmel, gemahlen
Kardamom, gemahlen
Bratöl

Während der Teig ruht, die Füllung vorbereiten. Spitzpaprika in feine Würfel schneiden. In einer Schüssel das Hack-

fleisch mit Zwiebelwürfelchen, gehackter Petersilie, gerebeltem Thymian, geschältem und gepressten Knoblauch vermengen. Mit Salz und den übrigen Gewürzen kräftig abschmecken. Gut durchkneten.

Von den Gewürzen je nach Vorliebe 1 Msp. bis 1/2 TL verwenden. Den Teig nochmals gründlich durchkneten und in 4 Stücke von 100 bis 110 g aufteilen. Die Fleischfüllung ebenfalls in 4 Portionen à 80 bis 90 g aufteilen und zu „Klopsen" formen.

Teigstücke zu Kreisen von etwa 15 cm Durchmesser ausrollen. Füllung auflegen und den Teig so darüberziehen, dass ein Halbkreis entsteht. Mit dem Rollholz oder von Hand die Teigtaschen flach drücken. Der Teig darf dabei nicht einreißen.

Je zwei Teigtaschen in reichlich heißem Öl bei mittlerer Temperatur in der Pfanne von jeder Seite etwa 3 bis 5 Minuten goldbraun backen. Nicht zu stark erhitzen, damit die Teigtaschen nicht verbrennen. Dazu passen ein Joghurt-Knoblauch-Dip und frischer Salat.

Tipp: Hawawshi können auch in der Fritteuse zubereitet werden.

Indische Samosas

Für 10 bis 12 Stück

Samosas stammen aus Indien und Pakistan. Oft werden sie mit übrig gebliebenen Speisen vom Vortag befüllt und in heißem Öl oder Ghee ausgebacken.

Teig:

180 g Mehl
2 g Salz
ca. 70–100 ml Wasser

Das mit Salz vermischte Mehl unter mehrfacher Zugabe von etwas Wasser zu einem sehr festen Teig verkneten. In 5 oder 6 Stücke aufteilen und diese zu Kugeln formen. Die Kugeln zu Fladen von 15 cm Durchmesser ausrollen.

Füllung:

30 g Zwiebelwürfel
150 g klein gewürfelte Tomaten
125 g klein gewürfelte Paprika
150 g gekochte, klein gewürfelte Kartoffeln
100 g TK-Erbsen
6–8 Curryblätter
Garam Masala
Kurkuma
Kreuzkümmel
Paprika, edelsüß
Chili aus der Mühle
Salz
(Kokosmilch)
Öl zum Frittieren

Die Zwiebelwürfel in einer hohen Pfanne anschwitzen, Tomatenwürfel angießen und das restliche Gemüse dazugeben. Die Curryblätter zwischen den Fingern zerbröseln und darüber streuen. Mit den Gewürzen kräftig abschmecken. Köcheln lassen. (Bei Bedarf etwas Wasser oder Kokosmilch angießen.) Fürs Befüllen vom Herd nehmen.

Die Teigfladen halbieren und nacheinander zu Spitztüten formen (Naht gut andrücken, dafür evtl. leicht anfeuchten) und diese befüllen. Die Tüte in eine Hand nehmen, mit etwa 2 EL heißem Gemüse befüllen und oben den Rand gut verschließen. Bis zum Frittieren auf einem leicht bemehlten Brett ablegen.

Eine Kasserolle oder einen kleinen Topf etwa 4 cm hoch mit Öl füllen. Erhitzen. Die Samosas mit der Schaumkelle in mehreren Durchgängen bei mittlerer Temperatur ins Öl geben und

von jeder Seite 2 bis 3 Minuten knusprig goldbraun frittieren.

Eine fruchtig-scharfe Soße als Dip dazu reichen oder Mango-Chutney.

Übrig gebliebene Samosas können im Herd aufgebacken werden.

Chinesische Dim Sum – „Die das Herz berühren"

Teigtaschen (Dumplings – Knödel) werden in China gern vormittags als kleiner Imbiss und zum Tee genossen. Der Legende nach wurden sie vom Leibkoch eines kantonesischen Kaisers, der sich mehr Vielfalt wünschte, für dessen Frühstückstisch kreiert.

In Asien gart man Teigtaschen traditionell im **Bambusdämpfer** und serviert sie im Bambuskörbchen. Alternativ einen **Kochtopf mit Dämpfeinsatz** benutzen.

Beim Servieren zu den Dim Sum in separaten Schälchen Reisessig, Sojasauce oder einen anderen Dip reichen. Als Getränke passen grüner Tee, Reiswein, Bier oder trockener Weißwein.

Dim-Sum mit Pilzfüllung

Für 30 bis 32 Stück

Teig:
150 g Mehl
30 g Stärke
100–125 ml Wasser

Mehl mit 20 g Stärke vermengen, nach und nach das kochende Wasser mit der

Küchenmaschine mit Knethaken einarbeiten. Von Hand mit der restlichen Stärke verkneten. Ruhen lassen und die Füllung zubereiten.

Füllung:
10 g getrocknete Mu-Err-Pilze
80 g Shitakepilze oder Champignons
80 g Möhren
50 g Zuckerschoten
2 Frühlingszwiebeln
1 rote Chilischote
1–2 Knoblauchzehen
2 EL Erdnussöl oder Sesamöl
50 g abgetropfte Maiskörner (Konserve)
3 EL Sojasauce
(1–2 EL Oystersauce)

Vorab die getrockneten Mu-Err-Pilze 1 Stunde in warmem Wasser einwei-

chen. Die Mu-Err-Pilze gut ausdrücken und fein hacken. Die frischen Pilze in sehr kleine Würfel schneiden. Ebenso die geputzen Möhren, Zuckerschoten und die Frühlingszwiebeln. Chili entkernen, Knoblauch schälen und beides fein hacken.

Im Wok oder in einer Pfanne das Öl erhitzen. Knoblauch, Chili und Frühlingszwiebeln anschwitzen. Die Möhren unterrühren und 2 bis 3 Minuten mitgaren, Zuckerschoten und den Mais hinzufügen. Nach 2 Minuten die Pilze dazugeben und alles noch 4 bis 5 Minuten braten. Mit Sojasauce (und Oystersauce) abschmecken. Bei Bedarf noch salzen.

Aus dem Teig kleine Kugeln (etwa 10 g) formen und mit wenig Mehl auf dem Backbrett zu dünnen Kreisen von

8–10 cm Durchmesser ausrollen. Mit Füllung belegen. Die Ränder hochziehen und wie Bonbonpapier eindrehen. Die Teiglinge im Dämpferkorb etwa 6 bis 8 Minuten **dämpfen**. Dafür die rohen Teigtaschen mit Abstand in die Körbe des Bambusdämpfers legen. Damit nichts festklebt, gelochtes Backpapier unterlegen. Den befüllten Dämpfer über einen Topf mit kochendem Wasser stellen. Der Topfdurchmesser muss etwas kleiner sein als der des Dämpfers. Oder den Wok 2 bis 3 cm hoch mit Wasser befüllen und den Dämpfer hineinstellen. Nach etwa 6 bis 10 Minuten sind sie fertig, eingefrorene benötigen etwa 12 bis 15 Minuten.

Mit Reisessig, Sojasauce oder Dip servieren.

Jiaozi

Für ca. 35 bis 40 Stück

Nach der Legende erfand der bedeutende Arzt Zhang Zhongjing (um 150–19 u. Z.) die ersten Jiaozi, um im Winter die Ohren armer Menschen zu wärmen, die dann die gekochten „Ohrenwärmer" auch verspeisten. Die Füllung habe aus Kräutern, Fleisch und Chili bestanden. Heute umhüllt ein dünner Teig aus Weizenmehl eine Füllung aus Fleisch oder Garnelen, Gemüse und Gewürzen. Klassisch werden sie mit Schweinefleisch gefüllt.

Teig:
250 g Weizenmehl
1/2 TL Salz
ca. 100–130 ml Wasser

Füllung:

150 g Chinakohl
3 g Salz (1/2 TL)
300 g Schweinehackfleisch
3 Frühlingszwiebeln, in feine Ringe geschnitten
1 geh. TL Ingwer, frisch gerieben
1/2 Bund China-Schnittlauch oder Schnittlauch, fein geschnitten
2–3 EL Sesamöl, geröstet
1 EL dunkle Sojasauce
1 EL Reiswein
1 Prise Rohrzucker
Szechuanpfeffer (alternativ schwarzer Pfeffer und Paradieskörner oder Koriander)
(Salz)

Mehl und Salz in eine große Schüssel geben. Das ca. 90 °C heiße Wasser dazugeben und mit der Küchenmaschine mit Knethaken vermengen. Etwas abkühlen lassen, dann den Teig von Hand gut durchkneten. In Frischhaltefolie mindestens 30 Minuten ruhen lassen.

Chinakohl fein hacken, salzen damit er Wasser zieht. Nach 15 bis 20 Minuten in einem Sieb oder Baumwolltuch fest ausdrücken.

Die Zutaten für die Füllung gründlich verkneten. Mit frisch gemahlenem Szechuanpfeffer würzen und evtl. salzen. Nach dem Abschmecken erneut durchkneten, damit die Masse gut zusammenhält. Abgedeckt im Kühlschrank etwas durchziehen lassen.

Den Teig noch einmal durchkneten. Zu einem Strang von etwa 1,5 cm Durchmesser rollen und in Teile von etwa 10 bis 12 g schneiden. Kugeln formen und mit dem Rollholz zu Kreisen (etwa 10 cm Durchmesser) ausrollen. In die Mitte jedes Teiglings etwa einen Esslöffel Füllung geben, zu einem Halbmond falten und den Rand durch fächerartiges Falten von links nach rechts verschließen. Einfacher ist es, den Teig mit der Nudelmaschine (bis Stufe 6) auszurollen, Teigkreise auszustechen und mit dem Dumpling-Maker zu formen.

In einem breiten Topf Wasser erhitzen, salzen. Die Jiaozi ins kochende Wasser geben, aufkochen lassen, dann die Hitze reduzieren und die Jiaozi ca. 5 Minuten garen. Nicht zu viele auf einmal ins Wasser geben, damit sie nicht zusammenkleben. Mit der Schaumkelle herausheben und mit einem Dip servieren. Die Jiaozi mit Stäbchen oder

Gabel in die Sauce tunken und genießen. Dafür in einzelnen Schälchen schwarzen Reisessig oder Sojasauce servieren. Beliebt ist auch eine gemischte Soße aus 1 EL geröstetem Sesam- oder Chili-Öl und je 4 EL schwarzem Reisessig und Sojasauce.

Tipp: Für **vegane Jiaozi** das Hackfleisch durch 250 g Räuchertofu und 50 bis 75 g geraspelte Möhre ersetzen.

Die Jiaozi können auch 5 bis 8 Minuten im Bambusdämpfer oder in einem Topf mit Dampfeinsatz gegart werden.

Im Asia-Laden kann man auch fertige Jiaoza-Teigblätter kaufen.

Baozi – chinesische Hefeklöße

Für 9 bis 10 Stück

Teig:

10 g Hefe
1 Prise Zucker
250 g Mehl
3 g Salz
1–2 EL Öl

Die Hefe in 120 ml lauwarmem Wasser unter Zugabe des Zuckers auflösen. Das Mehl in der Backschüssel mit dem Salz vermengen. Eine Mulde eindrücken und das Hefewasser hineingießen. Öl am Rand verteilen und alles zu einem geschmeidigen Teig verkneten. Falls erforderlich, noch etwas Wasser oder Mehl dazugeben. Abgedeckt bei Zimmertemperatur etwa 30 Minuten gehen lassen.

Füllung:
80 g Spitz- oder Chinakohl
1/2 rote Spitzpaprika
1 Lauchzwiebel
1 kleine Möhre
5 Stängel Schnittknoblauch oder
1 Knoblauchzehe
1 EL Öl
250 g Hackfleisch (halb und halb)
1 TL Sojasauce
1 geh. TL Ingwer, frisch gerieben
1 TL Mirin oder 1 Prise Zucker
1–2 Msp. 5-Gewürz
etwas Salz
Pfeffer
Chilipaste oder Chili aus der Mühle
1 Ei (Größe S)

Indessen die Füllung zubereiten. Spitzkohl und Paprika fein zerkleinern. Die

Möhre raspeln. Frühlingszwiebel dünn aufschneiden. Schnittknoblauch klein schneiden oder Knoblauchzehe pressen.

Öl erhitzen, Hackfleisch darin anbraten, das Gemüse dazugeben und alles bei mittlerer Hitze etwa 6 bis 7 Minuten braten. Gegen Ende Schnittknoblauch und Ingwer untermengen. Mit den Gewürzen abschmecken. Etwas abkühlen lassen. Dann das Ei unterrühren.

Hefeteig nochmals durchkneten und in 9 bis 10 Portionen zu ca. 40 g aufteilen. Kugeln formen und zu Kreisen von etwa 12 cm Durchmesser ausrollen. In der Mitte soll der Teig etwas dicker sein. Den Fladen in die Hand nehmen. 2 bis 3 EL Füllung (ca. 30 g) in die Mitte geben. Die Ränder des Teigstückes über die Füllung nach oben ziehen und das Säckchen durch Drehung verschließen. Im Dampfgarer je nach Größe etwa 15 Minuten garen.

Bei Nutzung eines Bambusdämpfers mit dem Öffnen noch 2 bis 3 Minuten warten, damit die Baozi nicht zusammenfallen. Es ist sinnvoll, die Dämpferkörbe mit gelochtem Backpapier auszulegen.

Die gegarten Klöße mit Sojasauce, süßer Chilisauce oder mit anderen asiatischen Soßen servieren.

Tipp: Für kleine Baozi etwa 30 g Teig pro Stück verwenden.

Baozi mit Rindfleisch-Kimchi-Füllung

Hefeteig: Zutaten wie Seite 91 ff.

Füllung:
200 g Kimchi
250 g Rinderhackfleisch
1 EL Bratöl
2–3 EL dunkle Sojasauce
schwarzer Pfeffer, Salz

Kimchi klein schneiden. Öl erhitzen und das Hackfleisch anbraten, mit Sojasauce und frisch gemahlenem Pfeffer würzen. Kimchi dazugeben und noch 4 bis 5 Minuten braten. Falls erforderlich salzen. Weiter wie Seite 93 beschrieben.

Gyoza – japanische Teigtaschen

Die Gyoza stammen ursprünglich aus China. Der Fürst Tokugawa Mitsukuni (1628–1701) war ein Gourmet, der oft chinesische Gelehrte empfing, die ihm auch von leckeren Speisen ihrer Küche berichteten, z.B. von den Jiaozi-Teigtaschen. Im lokalen Dialekt hießen sie „Giaoza". Daraus entstand die japanische Bezeichnung. Die Japaner übernahmen das Rezept, passten es ihrem Geschmack an und verfeinerten es. So wurden die Gyoza zum unverzichtbaren Bestandteil der japanischen Küche.

In eine Pfanne mit 24 oder 26 cm Durchmesser passen 20 bis 26 Stück. Die Teigmenge ist für 50 Stück berechnet. Soll nur eine Pfanne zubereitet werden, dann die Hälfte des Teiges einfrieren. Der Teig kann auch schon am Vortag zubereitet werden. Die Zutatenmenge für die Füllung ist für *eine* Pfanne ausgelegt. Zwei Personen können sich satt essen, für vier Personen ist es ein Snack oder würzige Beilage.

Teig für ca. 50 Gyoza = für 2 Pfannen:

250 g Weizenmehl
25 g Weizen- oder Maisstärke
150–180 ml Wasser
1 TL Salz (5 g)
Mehl oder Stärke fürs Backbrett

Dip-Sauce:

3 EL Reisessig
3 EL Sojasauce, 1 TL Sesamöl
1/2 TL Chiliflocken

Füllung für 20 bis 25 Gyoza = 1 Pfanne:

100–120 g Weißkohl (China- oder Spitzkohl)
200 g Hackfleisch (vom Schwein)
1 TL geriebener Ingwer
4–5 Stängel Zwiebellauch (das Grün von 2 Frühlingszwiebeln)
2 Knoblauchzehen
2 EL Sojasauce
1 EL Sake (und / oder Mirin)
1 EL geröstetes Sesamöl
Pfeffer
5 EL Öl für die Pfanne (z. B. Rapsöl)
80 ml Wasser pro Durchgang

Mehl und Stärke in einer Schüssel vermengen. Wasser aufkochen, Salz einrühren. Das heiße Wasser zur Mehl-Stärke-Mischung geben und mit der

Küchenmaschine mit Knethaken alles 8 bis 10 Minuten gründlich verkneten. Falls nötig, noch etwas Mehl dazugeben. Den Teig auf dem Backbrett nochmals durchkneten. Eine Rolle formen und diese in Frischhaltefolie gewickelt im Kühlschrank mindestens 30 Minuten ruhen lassen.

Den Teig mit Rollholz oder Nudelmaschine 2 bis 3 mm dünn ausrollen. Kreise von 8 cm Durchmesser ausstechen. (Beim Stapeln jedes Teigblatt mit Stärke oder Mehl bepudern, damit sie nicht aneinander kleben. Oder den Teig in kleine Kugeln aufteilen und diese zu Kreisen ausrollen.)

Die Dip-Zutaten in einem kleinen Deckelglas „verschütteln". Verschlossen bis zur Verwendung beiseitestellen.

Für die Füllung Kohlblätter fein zerkleinern (5 mm x 5 mm). (Der Kohl könnte auch mit etwas Salz verknetet werden, damit er Wasser abgibt, das abgegossen wird.) Die Lauchstängel längs halbieren, aufeinanderlegen und mit scharfem Messer in dünne Halbringe schneiden. Knoblauch schälen und fein hacken.

In einer Schüssel das Hackfleisch mit Kohl und dem Zwiebellauch vermengen und mit Knoblauch, Ingwer, Sojasauce, Sake (oder Mirin), Sesamöl und Pfeffer würzen. Gut durchkneten.

Ein Schüsselchen mit Wasser bereitstellen.

Zum Füllen kann ein Dumplingformer genutzt werden. Das Teigblatt auf die Form legen, in die Mitte 1 TL Füllung geben, etwas zurechtrücken, dann die Form zuklappen, wieder aufklappen und fertig. Mit dem gefalteten Rand nach oben aufs Backbrett stellen und den Vorgang wiederholen. Oder den Rand des Teigkreises zur Hälfte mit angefeuchtetem Finger leicht bestreichen. Füllung in die Mitte geben, das Teigblatt zur angefeuchteten Hälfte hin umklappen und gut zusammendrücken. Den Rand klassisch in Falten legen. Dafür immer ein kleines Stückchen Rand zwischen Daumen und Zeigefinger nehmen und zu einer Falte drücken.

In der Pfanne das Öl bei mittlerer Temperatur erhitzen und die Teigtaschen mit dem gefalteten Rand nach oben hineinstellen, 3 bis 4 Minuten braten. Die Unterseite sollte goldbraun werden. Nicht wenden!

Das Wasser vorsichtig in die Pfanne gießen (Verbrühungsgefahr). Sofort

den Deckel auflegen und die Gyoza 2 bis 3 Minuten dämpfen. Herd abschalten. Den Deckel abnehmen, damit das restliche Wasser verdunstet.

Die Gyoza mit der Unterseite nach oben auf einem Teller oder einer Platte anrichten und mit der vorbereiteten Dip-Sauce servieren.

Für **vegetarische Gyoza** das Fleisch durch Karotten und Tofu ersetzen.

Kimchi-Mandu aus Korea

Die Form dieser koreanischen Teigtaschen erinnert an Tortelloni und Pelmeni.

Teig und Füllung:
300 g Mehl Type 550
140–150 ml Wasser
5 g Salz
150 g Tofu
350 g Schweinehackfleisch
1 TL geriebener Ingwer
1–2 fein gehackte Knoblauchzehen
1 TL Sesamöl
150 g fein gehackte Kimchi
100 g gegarte Mungobohnensprossen
Salz, schwarzer Pfeffer

Sauce:
1 TL schwarzer Sesam
40 ml Sojasauce
1/2 TL Zucker
1 EL Wasser
1 EL Reis- oder Weißweinessig
1 EL Zwiebellauchringe
(1 TL fein gehackte rote Peperoni)

Das Mehl mit Salz und kaltem Wasser zu einem festen, aber geschmeidigen Teig verkneten. In Frischhaltefolie einwickeln und mindestens 1 Stunde im Kühlschrank ruhen lassen.

Für die Füllung den Tofu in einem Sieb abtropfen lassen. Gut ausdrücken und zerbröseln (wie Hackfleischkrümel). Das Hackfleisch erst mit Ingwer, Knoblauch und Sesamöl vermengen, dann Tofu, Kimchi und klein geschnittene Bohnensprossen dazugeben. Mit Pfeffer aus der Mühle würzen, salzen und gut durchkneten (Einweghandschuhe tragen). Austretende Flüssigkeit abgießen, damit die Füllmasse möglichst trocken ist.

Den Teig in mehrere Portionen teilen und dünn ausrollen. Teigkreise von 8 oder 10 cm Durchmesser ausstechen. Je 1 EL Füllung in die Mitte geben und zu einem Halbkreis zusammenklappen. (Falls erforderlich, Rand leicht anfeuchten.) Ränder gut festdrücken und die Spitzen der Teigtasche so miteinander verbinden, dass ein Kreis entsteht.

Die Teigtaschen entweder dämpfen (ca. 8 bis 12 Minuten) oder in kochender Gemüsebrühe oder Salzwasser etwa 5 Minuten garen.

Für die Sauce die Sesamsamen in einer beschichteten Pfanne rösten, bis sie duften. Dann mit den übrigen Zutaten mischen. Die Sauce separat zu den Teigtaschen reichen.

Tipps: Rohe Teigtaschen können eingefroren werden (siehe Seite 17).

Für **vegane Kimchi-Mandu** die Füllung mit 400 g Tofu und 200 g Kimchi zubereiten.

Mandu mit Hackfleisch-Garnelen-Füllung

Für 32 bis 36 Stück, je nach Größe

Teig:

150 g Weizenmehl Type 550
30 g Reismehl oder Maistärke
1 Prise Salz

Füllung:

200 g Schweinehackfleisch
100 g geputzte Garnelen
150 g fein gehackter Spitzkohl
150 g Möhrenraspel
3 Lauchzwiebeln
2 Knoblauchzehen
1 geh. TL Ingwer
50 g Kimchi
1 EL Gochujang (koreanische Chili-paste)

1–2 EL Sojasauce
1 TL Reisessig (Wein- oder Sushi-Essig)
2 EL geröstetes Sesamöl
schwarzer Pfeffer, frisch gemahlen

Die Mehle mit dem Salz vermengen. 100 ml heißes Wasser langsam dazugeben. Verrühren. Erst mit der Küchenmaschine mit Knethaken, dann von Hand zu einem festen Teig verarbeiten. Mindestens 30 Minuten ruhen lassen.

Zwischendurch die Füllung vorbereiten. Lauchzwiebeln putzen und fein schneiden. In einer Pfanne 1 EL Öl erhitzen und Kohl, Möhren und Lauch bei kräftiger Hitze anschwitzen. Kimchi klein schneiden und in die Pfanne geben. Temperatur reduzieren. Gepressten Knoblauch und geriebenen

Ingwer unterrühren. Etwas abkühlen lassen.

Garnelen klein schneiden und mit dem Hackfleisch vermengen. Gemüse, Sesamöl, Sojasauce, Reisessig und Gochujang dazugeben. Gut durchkneten (Einweghandschuh tragen!). Abschmecken und bei Bedarf noch pfeffern.

Den Teig dünn (Nudelmaschine bis 7) ausrollen und 8 bis 10 cm große Kreise ausstechen. (Zum Stapeln mit etwas Stärke bestäuben.) Teigblätter mit Füllung belegen (1 geh. TL), evtl. Rand mit Wasser befeuchten. Die Teigtaschen zusammenfalten, die Ränder fälteln (am besten Dumpling-Former nutzen.) So aufstellen, dass der Rand nach oben zeigt.

In drei Durchgängen die Teigtaschen im Bambusdämpfer je 8 bis 10 Minuten

dämpfen. Oder die Teigtaschen in einer Pfanne in heißem Öl ca. 2 bis 3 Minuten von jeder Seite braten. Dazu als Dip Gochujang-Sauce servieren.

Gochujang-Sauce

2 EL Gochujang (koreanische Chilipaste)
1 EL Sojasauce
1 TL Reisessig
2 TL geröstetes Sesamöl
1 TL gerösteter Sesam
1 TL Rohrzucker oder Honig

Alles in einer Schale zu einer homogenen Soße verrühren. Eventuell 1 bis 2 EL Wasser unterrühren. Die Mandu mit dieser Soße oder einfach mit Sojasauce reichen.

Knishes

Für 10 Stück

Knishes sind Bestandteil der jüdischen Küche und werden im Ofen gebacken. Gegen Ende des 19. Jahrhundert kamen sie mit jüdischen Einwanderern nach Amerika und wurden in den USA zum beliebten Streetfood.

Teig:

250 g Weizenmehl Type 550
100 g Butter
3–4 g Salz
1 TL Backpulver (4 g)
90 g saure Sahne oder Schmand
1 Ei (Größe S) zum Bestreichen
Mehl für das Backbrett

Füllung:
20 g Butter
50–60 g Zwiebel
250 g mehlig oder vorwiegend festkochende Kartoffeln
1 Ei, Salz, Pfeffer

Mehl mit Backpulver und Salz vermengen, weiche Butter und Schmand dazugeben und alles mit der Küchenmaschine (oder von Hand) zu einem glatten Teig verkneten. Falls erforderlich, etwas Wasser dazugeben. Den Teig in Frischhaltefolie gewickelt mindestens 2 Stunden kaltstellen.

Die Butter schmelzen und darin die Zwiebelwürfelchen unter gelegentlichem Rühren 10 bis 15 Minuten sanft garen. Die gegarten, gepellten Kartoffeln stampfen, Zwiebeln mit der Butter

unterrühren. Etwas abkühlen lassen, dann das Ei untermengen und kräftig mit Salz und Pfeffer abschmecken. Die Masse abgedeckt kaltstellen.

Nach ausreichender Kühlung den Teig auf bemehltem Brett 3 mm dünn ausrollen. Quadrate von 10 cm x 10 cm schneiden. (Teigreste verkneten und erneut ausrollen.)

Auf jedes Teigquadrat 1 EL Füllung geben. Die Ränder dünn mit verquirltem Ei bestreichen. Zu Dreiecken zusammenklappen. Ränder erst von Hand, dann mit der Gabel festdrücken. Wenn möglich, vor dem Backen die Teigtaschen noch 15 bis 20 Minuten kaltstellen. Auf dem mit Backpapier belegten Blech verteilen, mit dem restlichen Ei bestreichen und im vorgeheizten Herd bei 200 °C Ober- und Unterhitze 20 Minuten goldbraun backen.

Tipps: Beliebt ist auch eine Füllung mit kräftig gewürzten, gegarten Süßkartoffeln oder mit Kartoffeln und Pilzen. Statt zu Dreiecken können Knishes auch zu Kugeln geformt werden.

Empanadas

Für ca. 18 Stück à 10–12 cm Ø

Empanadas entstammen der nordspanischen bzw. südamerikanischen Küche. Sie sind beliebte Tapas.

Teig:

350 g Mehl (oder 150 g Mais- und 200 g Weizenmehl Type 550)
4 g Salz, 125 g weiche Butter
1 Ei, 1 Eigelb
ca. 60 ml Wasser

Mehl fürs Backbrett
Eiweißglasur (1 Eiweiß mit 1–2 EL Milch und 1 EL Salz verrührt)

Füllung:
75 g rote Spitzpaprika
1 Chili (17–20 g)
1–2 Zwiebeln (70–80 g)
1 Knoblauchzehe
1–2 EL Bratöl
400 g Rinderhackfleisch (oder 25 % Schwein, 75 % Rind)
2 geh. EL Tomatenmark
2 Eier
2–3 EL Maiskörner (Konserve)
Zwiebellauch (4 Röhren)
Salz, Pfeffer
Cayennepfeffer oder Chili nach Geschmack
1 TL Paprikapulver (edelsüß)

In der Teigschüssel Mehle und Salz vermengen. Nun mit der in Stücke geschnittenen Butter, Ei, Eigelb und 30 ml Wasser verkneten. Noch so viel Wasser zugeben, bis der Teig eine geschmeidige Konsistenz hat. In Frischhaltefolie wickeln und mindestens 30 Minuten in den Kühlschrank legen.

Paprika und Chili entkernen und beide in kleine Würfel schneiden. Zwiebeln schälen und würfeln. Knoblauch schälen und fein hacken. Öl in einer Pfanne erhitzen, Zwiebeln anschwitzen, Knoblauch, Chili und Hackfleisch dazugeben und gut anbraten. Das gebratene Hackfleisch in einer Schüssel etwas abkühlen lassen. Eier, Paprikawürfel und gut abgetropften Mais unterrühren und mit den Gewürzen kräftig abschmecken.

Teig auf dem bemehlten Backbrett etwa 3 mm dünn ausrollen. 10 cm große Kreise ausstechen. Mit je 1 EL Füllung belegen. So umklappen, dass Halbkreise entstehen. Die Ränder erst von Hand, dann mit einer Gabel andrücken. Auf dem mit Backpapier belegten Blech verteilen. Mit der Eiweißglasur bestreichen.

Im vorgeheizten Backofen bei 200 °C Ober- und Unterhitze etwa 23 Minuten (20 bis 25 Minuten) backen. Mit Salsa (Rezept Seite 124) reichen. Auch ein Salat von Maiskörnern, Paprikastreifen, Tomate, roter Zwiebel mit einer kräftigen Joghurt-Kräutersoße passt gut dazu.

Tipp: Statt mit Butter kann der Teig auch mit Pflanzenöl zubereitet werden.

Salsa

1 Dose geschälte Tomaten in Tomatensaft (400 g)
2 EL Olivenöl
2 Knoblauchzehen
2 Chilischoten
1 TL Thymianblättchen
(Weinessig)
1 geh. TL geräuchertes Paprikapulver
1 Prise Rohrzucker
1–2 Msp. gemahlener Kreuzkümmel
Abrieb von 1/2 Bio-Zitrone
Zitronensaft
Salz, Pfeffer

(Wer mag, würzt noch mit Cayennepfeffer nach.)

Die Tomaten klein schneiden. (Eventuell den Saft anderweitig für Soßen nutzen. Ich gebe ihn mit in den Topf.) Olivenöl erhitzen. Knoblauch und fein geschnittene Chili anschwitzen. Tomaten, gehackten Thymian und 1 EL Weißweinessig dazugeben. Etwa 10 Minuten köcheln, dann Paprikapulver, Rohrzucker und Kreuzkümmel unterrühren. Köcheln, bis die gewünschte Konsistenz fast erreicht ist. Erst dann den Zitronenabrieb unterrühren. Mit Zitronensaft, Salz und Pfeffer abschmecken.

Tipp: Statt mit Dosen- mit 500 g vollreifen Fleischtomaten zubereiten. Tomaten dafür mit kochendem Wasser übergießen, damit sich die Haut ablösen lässt. Dann klein schneiden und wie im Rezept weiterverarbeiten.

Rezeptverzeichnis

Bildnachweis

Titelfoto: Colourbox.de
Innenfotos: Seite 2, 9, 10, 13, 23, 47, 51, 65, 69, 79, 83, 103: Colourbox.de; Seite 15, 19: Yoav Aziz, Unsplash.com; Seite: 27, 31, 35, 39, 45, 55, 60, 73, 95, 109, 113, 117, 123: Regina Röhner

Ostpreußen

KULINARISCH

von
Harald Saul

Seite 2: Königsberger Dom

Trotz gewissenhafter Bearbeitung kann eine Haftung für den Inhalt nicht übernommen werden. Für aktuelle Ergänzungen und Anregungen ist der Verlag jederzeit dankbar. Wir bedanken uns bei allen, die uns unterstützt haben.

Impressum

© 2017 BuchVerlag Leipzig GmbH
Gerichtsweg 28, 04103 Leipzig
Tel.: 0341 / 493574-0, Fax: 0341 / 493574-40
buchverlag-leipzig@vggh.de
www.buchverlag-leipzig.de

Bildnachweis: Seite 124
Gestaltung und Satz: Susanne Weigelt, Leipzig

2. Auflage 2026
ISBN 978-3-89798-528-5

FSC
MIX
Papier
FSC® C020056

Inhalt

Ein verschwundenes Land und seine kulinarischen Traditionen

Kann man es einem „Nicht-Ostpreußen“ glauben, dass er sich für ein Land interessiert, das es schon lange nicht mehr gibt?

1967, in der DDR: Ich war zwölf Jahre alt, als ich in der Schule zum ersten Mal von Königsberg hörte. Einer meiner Lehrer konnte wunderbar erzählen von den alten Stadtvierteln am Fluss Pregel, den vielen Brücken und der Dominsel. Er machte mich so neugierig, dass ich in die Stadtbibliothek ging und nach Büchern über Königsberg fragte. Pikiert antwortete mir die Bibliothekarin, dass Kaliningrad jetzt eine moderne, sowjetische Großstadt sei … Doch mein Interesse an dem verschwundenen Land war echt und währt nun bereits mein ganzes Leben lang. Seit Jahrzehnten interessiere ich mich, auch beruflich bedingt, nicht nur für das Land, sondern auch für die Essgewohnheiten und kulinarischen Traditionen seiner Bewohner.

Als ich viele Jahre später, im Frühjahr 1999 im „Ostpreußenblatt" für ein recht persönliches Kochbuch um Übermittlung von Rezepten, Lebensgeschichten und Dokumenten bat, erhielt ich ein überwältigendes Echo. Briefe, Pakete und vor allem persönliche Gespräche erbrachten eine erstaunliche Fülle an einmaligen Erinnerungen, die immer noch lebhaft und gegenwärtig sind – vieles wurde wieder und wieder in den Familien erzählt. Und sie sind Ausdruck der tiefen Verbundenheit der Ostpreußen mit ihrer Heimat, resultierend aus einem starken Traditionsbewusstsein, der Verbundenheit in der Familie, dem Aufeinander-angewiesen-Sein im arbeitsreichen Alltag.

Durch die Gespräche lernte ich ein Land kennen, das über eine hohe Kultur verfügte und von der Bescheidenheit und dem schöpferischen Einfallsreichtum seiner Menschen geprägt war. Bemerkenswert und für mich als sehr ähnlich empfindenden Thüringer beeindruckend ist der Stolz der Ostpreußen auf das weite schöne Land, alte Bräuche und nicht zuletzt ihre Familientraditionen, die sich auch in den Rezepten widerspiegeln. Einige davon finden sich in diesem Bändchen wieder. Von den Eintopf-Spezialitäten aus der Werksküche Kalcher in Schloßberg über die Wildgerichte von Küchenmeister Wilhelm Braemer aus Pillkallen bis zur feinen Schlobittener Schlossküche spannt sich ein bunter, erstaunlich vielfältiger Bogen.

Die ostpreußische Küche ist bekannt für ihre Vielfältigkeit und die harmonische Verbindung der Geschmacksrichtungen „süß“, „herzhaft“ und „sauer“. *Rinderflecken*, *Pferderouladen* oder *Schuppnis* (Dicke Erbsen mit geräuchertem Schweinekopf) standen

› *Schlossruine Schlobitten*

vermutlich einst in ostpreußischen Küchen regelmäßig auf dem Speiseplan. Heute findet man diese Gerichte kaum noch bei uns.

Bei *Königsberger Klopsen, Beetenbartsch, Schmandschinken, Quarkfrikadellen, Kartoffelkeilchen mit Spirkel* oder *Kirschwaffeln* werden sicher bei vielen Lesern köstliche Kindheitserinnerungen wach. Mit frischen (selbstgesammelten) Waldbeeren, Pilzen und Kräutern lassen sich auch heute alle Gerichte schmackhaft verfeinern. Für die Beliebtheit einiger Spezialitäten spricht, dass sie in nahezu jeder Familie zubereitet wurden und es dementsprechend viele Rezeptvarianten gibt, ein paar Kostproben davon bietet das vorliegende Buch.

Wenn Sie sich die Sammlung näher anschauen, werden Sie feststellen, dass es bei den Gerichten teilweise große Unterschiede bei den verwendeten Zutaten und der Zubereitungsweise gibt. Das liegt an den Urhebern des jeweiligen Rezeptes. Hier vermischen sich Haus- mit Restaurantküche, einfacher Haushalt oder Werkskantine mit den kulinarischen Möglichkeiten einer Gutsherren- oder Schlossküche. Doch gerade das macht den Reiz und die Vielfalt einer Landesküche aus.

Heute ist es wieder möglich, die Städte und Dörfer des ehemaligen Ostpreußen zu bereisen. Das Kernland Preußens, das nach dem Alliierten Kontrollratsgesetz vom 25. Februar 1947 nicht mehr existiert, lebt jedoch

vor allem in seinen früheren Bewohnern und ihren Nachkommen weiter, wie auch in seinem historischen und kulinarischen Erbe.
Also schauen Sie, wenn irgendwie möglich, (Ur-)Oma und Opa mal beim Kochen über die Schulter oder lesen Sie dieses Buch, das einige der besten ostpreußischen Rezepte für Sie bereithält und dazu ausgewählte Impressionen von Stadt und Land.
Alle Rezepte sind, wenn nicht anders vermerkt, für vier Personen berechnet.

Gutes Gelingen und guten Appetit wünscht Ihnen

Harald Saul

Suppen & Eintöpfe

› Leuchtturm Windenburger Eck

Beetenbartsch mit Fleischklößchen

reichlich 500 g Rote Bete, klein geschnitten • 600 ml Fleischbrühe (selbst gekocht aus 300–400 g Suppenfleisch mit Knochen, z.B. Rinderbeinscheibe Salz, Lorbeerblatt, Piment und Suppengrün) • Majoran und/oder Basilikum/Thymian

Fleischklößchen:
(für 8 kugelrunde, kleine Klopse)

*250 g Gehacktes (halb und halb)
1 Ei • 15 g Semmelmehl • 1 kleine, fein geschnittene Zwiebel • Pfeffer • Salz
1 EL zerlassene Butter*

Rote Bete in der Brühe ca. 30 Minuten garen. Mit dem Mixstab pürieren. Während die Bete gart, aus den genannten Zutaten kleine Klopse zubereiten und in der pürierten Suppe 10 bis 12 Minuten ziehen lassen. Zum Schluss die Suppe mit Schmand oder saurer Sahne verfeinern.

Dazu auf einem Extrateller Salzkartoffeln, Kartoffelbrei oder Flinsen (S. 50) reichen.

Trappener Beetenbartsch

500 g durchwachsenes Rindfleisch
500 g nicht zu fettes Schweinefleisch
1 kg Rote Bete • ¼ l süße Sahne
Salz • saure Sahne

Das Fleisch in Salzwasser weich köcheln. Es muss noch etwas bissfest und die Brühe darf nicht zu trüb sein. Deshalb nicht zu stark kochen. Dann das Fleisch herausnehmen und in kleine Würfel schneiden. Brühe aufheben.

Rote Bete waschen, kochen und abkühlen lassen. Die geschälte Rote Bete reiben und in die Fleischbrühe geben. Süße Sahne zufügen und alles erneut aufkochen, jetzt die Fleischwürfelchen

dazugeben. Mit Salz abschmecken. Vor dem Servieren mit einem Klecks saurer Sahne garnieren. Mit reichlich gehackten Gartenkräutern bestreuen.

Sauerampfersuppe

2 Schalotten • 150 g Speck
20 g Butter • 1 l Sauerampferfond
(1 kg Sauerampfer kochen, durchsieben)
200 ml Crème fraîche
200 ml süße Sahne • 6 Eigelb
1 Bd. Schnittlauch • Salz • Pfeffer

Schalotten fein würfeln, Speck in feine Streifen schneiden. Beides in Butter in einem Topf andünsten und mit Sauerampferfond, Crème fraîche und Sahne ablöschen. Diese Flüssigkeit bei mittlerer Hitze um ein Drittel reduzieren. Dann Eigelb aufschlagen und zusammen mit dem Schnittlauch zu der Flüssigkeit geben. Den Topf vom Feuer nehmen. Sobald das Eigelb stockt und an die Oberfläche steigt, ist die Suppe fertig. Mit Salz und Pfeffer abschmecken und mit Schnittlauchröllchen bestreut servieren.

Wirsingkrauteintopf nach Ostpreußenart

1 frischer Wirsingkohlkopf
2 mittelgroße Zwiebeln • 1 Hammelschulter (ca. 1 kg) • ca. 1 kg geschälte Kartoffeln • Salz • Pfeffer • ½ TL gemahlener Kümmel • 2 Knoblauchzehen
1 Bund Petersilie

Wirsingkohl putzen, vom Strunk sowie den starken Rippen befreien. Waschen und ganz kurz überbrühen, damit der Wirsing beim späteren Garen nicht die hellgrüne Farbe verliert.
Eine feinwürflig geschnittene Zwiebel in eine Kasserolle legen und den abgebrühten Wirsing darauf schich-

ten. Zwischen die einzelnen Schichten hin und wieder etwas Salz, Pfeffer und Kümmel streuen. Dann etwa 1 bis 2 Stunden kalt stellen.
Inzwischen die gewaschene, ausgebeinte Hammelschulter in Salzwasser langsam bissfest kochen. Die zweite Zwiebel zum Fleisch dazugeben.
Die gar gekochte Hammelschulter in Scheiben schneiden, über den Wirsing geben. Etwa 1 Liter Kochbrühe abseihen, darübergeben und die in Würfel geschnittenen Kartoffeln dazugeben.
Ofen auf 180 °C vorheizen, die Kasserolle hineinstellen und eine gute halbe Stunde dünsten. Erst kurz vor dem Gar-Ende die zerdrückten Knoblauchzehen in den Eintopf geben. Mit frisch gehackter Petersilie bestreut servieren.

Kürbissuppe

Kürbisfruchtfleisch à ca. 1 kg • Milch Butter • Salz • Zimt • Zucker

Einen Gartenkürbis zerteilen, das Fruchtfleisch aus dem Inneren herausnehmen, würfeln und mit wenig Wasser zum Kochen bringen. So viel Milch angießen, dass für 4 Personen eine Suppe entsteht (etwa 1,5 l Masse). Mehl und Butter zu gleichen Teilen verkneten, etwas Salz dazugeben. In der ostpreußischen Küche nennt man das „Klunkern" (empfehlenswert sind je 50 g). Die Klunkern in die leicht kochende Kürbissuppe geben und mindestens 15 Minuten aufwallen lassen. Mit Zimt und Zucker abschmecken.

Möhreneintopf nach Schloßberger Art

1 Schweinekopf • 1 kg Möhren
1 kg Kartoffeln • 100 g Speck ohne Schwarte • 1 mittelgroße Zwiebel • Salz Pfeffer • Lorbeerblatt • 1 Bund Petersilie

Schweinekopf 60 Minuten in mit Salz, Pfeffer und zerdrücktem Lorbeerblatt angesetzten Wasser köcheln lassen. Wenn der Schweinekopf gar ist, herausnehmen, 1 Liter Brühe aufheben. Das Fleisch auslösen, in mundgerechte Stücke schneiden.

Geputzte Möhren mit der gleichen Menge geschälter Kartoffeln in Würfelchen schneiden und gut abspülen.

Dann den klein geschnittenen Speck ausbraten und die kleinwürflig geschnittene Zwiebel hinzugeben. Alles gut durchschwitzen lassen und die Möhren- und Kartoffelwürfel hinzugeben. Mit der Schweinekopfbrühe auffüllen.
Als Fleischeinlage dient das gare, ausgelöste Fleisch vom Schweinekopf. Die Suppe wird nicht gebunden, da die Kartoffelstärke die Bindung herstellt. Eintopf mit reichlich gehackter Petersilie bestreuen.

Wat es dat beste am Schwienskopp? – Dat Schwien.-

Rinderflecke

1 kg roher Pansen (Magen vom Rind)
500 g Markknochen • 1 Wurzelwerk
einige Gewürz-und Pfefferkörner
Lorbeerblatt • geriebener Majoran

Den Rindermagen beim Fleischer säubern lassen. Zuhause nochmals gut waschen, grob zerteilen, mit den Knochen in einen Topf mit leicht gesalzenem Wasser geben, dass alles gerade bedeckt ist.
Ungefähr dreieinhalb Stunden bei gelinder Hitze köcheln. Gemüse schälen, würfeln und mit allen Gewürzen außer Majoran hineingeben, weitere 30 Minuten kochen lassen. Flecke herausnehmen, in kleine Würfel oder

Streifen schneiden. Knochen entfernen, Brühe passieren, Flecke wieder dazugeben und mit Majoran abschmecken.

TIPP: Damit es richtig durchzieht, das Gericht immer am Vortag zubereiten. Sehr heiß servieren. Dazu Senf, Essig, Salz, Pfeffer und geriebenen Majoran zum Nachwürzen reichen.

Gemüse satt & als Beilage

› Königin-Luise-Brücke, Tilsit

Tilsiter Mangoldrouladen

*400 g Quark • 1 Mangoldstaude
Salz, Muskat und Pfeffer nach Belieben
1 Zwiebel • 100 g Butter • 6 Eigelb
1 EL gehackter Kerbel • 50 g Parmesankäse • 1 EL Weinessig*

Quark in einem Sieb abtropfen lassen. Stiele vom Mangold abschneiden und Blätter in Salzwasser blanchieren, kalt abschrecken und trockentupfen. Stiele in ca. 1 cm kleine Stücke schneiden und mit den Zwiebelwürfeln in der Butter weich dünsten, salzen und pfeffern. Quark mit den Eigelb verrühren, mit Salz, Pfeffer und Muskat würzen. Kerbel unterziehen. Ofen auf 150 °C vorheizen, Mangoldblätter in acht Portionen teilen, Quarkmasse auf die Blätter geben und zusammenrollen. Anschließend die Mangoldstiel-Zwiebel-Mischung und Mangoldrouladen in eine gebutterte Auflaufform legen und nochmals mit etwas Butter bestreichen. 20 Minuten garen lassen. Dann mit Weinessig besprühen und den Parmesan darüberhobeln. Weitere 10 Minuten garen. Anrichten und mit dem ausgetretenen Fond beträufeln. Dazu kann man Nudeln oder Petersilienkartoffeln reichen.

Spinat-Pfannkuchen

Zutaten für 1 Portion:
250 g Spinat • 1 Zwiebel
2 EL Weizenmehl • 1 Ei
Salz • Pfeffer • 1 EL Olivenöl

Spinat waschen und mit der Zwiebel durch die feine Fleischwolfscheibe drehen, mit dem Ei vermengen.
Das Mehl darüberstäuben und mit Pfeffer und Salz abschmecken. Die Masse 15 Minuten ruhen lassen. Etwas Olivenöl erhitzen und goldbraune Pfannkuchen darin ausbacken.

Memeler Gemüseauflauf

500 g Kartoffeln • 1 rote Paprikaschote
1 Zwiebel • 1 Stange Porree
2 große Möhren • 1 Dose Tomatenwürfel ohne Saft • Oregano • Thymian
Salz • Pfeffer • Knoblauch • Rosmarin
250 ml Milch • 250 ml Gemüsebrühe
2 EL Mehl • geraspelter Käse zum Bestreuen

Kartoffeln kochen, pellen und in Scheiben schneiden. Paprikaschote putzen, in Streifen schneiden; Zwiebel hacken und mit Porreeringen ohne Fett in einer beschichteten Pfanne bräunen. Möhren in Würfel schneiden, mit Tomaten und Paprika dazugeben. Mit den Gewürzen abschmecken.

Nur kurze Zeit garen, damit das Gemüse nicht zu weich wird. Kartoffeln in eine Auflaufform schichten, mit Rosmarin würzen. Dann das Gemüse darauf verteilen. Von der Milch einen Teil abnehmen und mit dem Mehl verrühren. Restliche Milch mit der Gemüsebrühe aufkochen, das angerührte Mehl dazugeben und nochmals aufkochen. Mit den Gewürzen abschmecken, über dem Auflauf verteilen und mit dem Käse bestreuen. Bei 175 °C rund 20 Minuten im Backofen garen.

Weißkohl nach Tante Erna

100 g Gänseschmalz • 1 kg Weißkohl, in feine Streifen geschnitten
3 säuerliche Äpfel, geschält, entkernt, in kleine Spalten geschnitten • 1 Zwiebel, fein gewürfelt • 1 EL Kümmel
Salz • Pfeffer • 1 Prise Zucker
1 TL Majoran • 1 EL Mehl

Das Fett heiß werden lassen, Zwiebelwürfel und Apfelspalten darin glasig anschwitzen und den Kohl mit etwas Salz dazugeben. Zugedeckt Wasser ziehen lassen. Es soll nur wenig Fond entstehen, in dem der Kohl weich geschmort wird.

Wenn der Kohl gar ist, herzhaft süßsauer mit Salz, Pfeffer, Zucker und

Kümmel abschmecken. Zum Schluss Majoran dazugeben und den Fond mit dem angerührten Mehl binden. Noch einige Minuten ziehen lassen. Eine ideale Beilage zu allen Fleischgerichten.

Apfelkraut ohne Fett

1 mittelgroßer Rotkohlkopf • 1 mittelgroße Zwiebel • 3 mittelgroße Äpfel 1 gestr. TL Salz • 1 EL Zucker

Das Rotkraut waschen und wie die Zwiebel klein schneiden. Zwiebel auf den Boden eines erhitzten Topfes geben und unter gelegentlichem Umrühren etwas Farbe nehmen lassen. Kraut fest über die Zwiebel schichten. Obenauf kommen die gewaschenen, ungeschälten, in Spalten geschnittenen Äpfel. Mit Zucker bestreuen. Mit ½ Liter kochendem Wasser übergießen und den Topf ganz dicht verschließen. Auf mittlerer Flamme das Kraut bis zum Garwerden gut 90 Minuten köcheln.

Gebackener Rettich

600 g weiße Retticke • 80 ml Olivenöl
2 Knoblauchzehen • 1 EL Weißweinessig
4 getrocknete Tomaten in Öl
2 TL Tomatenmark • 1 Sardellenfilet in Öl • 1 TL getrockneter Thymian
1 Prise Cayennepfeffer
Salz • Pfeffer • Honig

Backofen auf 200 °C vorheizen. Rettiche quer in 1 cm dicke Scheiben schneiden. Beidseitig mit Olivenöl bestreichen, auf ein mit Backpapier belegtes Blech geben und 30 Minuten im Ofen (Mitte, Umluft 180 °C) backen, bis sie leicht gebräunt sind. Knoblauch schälen und mit dem übrigen Öl, Essig, getrockneten Tomaten, Tomatenmark und Sardellenfilet pürieren. Thymian und Cayennepfeffer zufügen. Marinade mit Salz, Pfeffer und Honig abschmecken. Die Rettichscheiben darin mindestens 1 Stunde marinieren.

Leckeres mit Schucken & Glumse

(Kartoffeln & Quark)

› Burg Heilsberg

Heilsberger Kartoffelkeilchen mit Spirkel

1,5 kg rohe Kartoffeln, mehligkochend
500 g gekochte, gepellte Kartoffeln (vom Vortag) • 2–3 EL Mehl • 1 Ei • Salz
2–3 Zwiebeln, in Ringe geschnitten
130 g Speck (Spirkel), in feine Würfel geschnitten • ca. 40 g Butter

Die rohen Kartoffeln schälen, in Wasser raspeln (damit sie nicht braun werden). Mit einem Küchentuch gut auspressen. Die gekochten Kartoffeln durch eine Presse drücken (wenn vorhanden, sonst vorsichtig reiben). Beide Kartoffelmassen miteinander mischen. Mehl, Ei und Salz hinzufügen und zu einem festen Teig kneten. 30 Minuten ruhen lassen. Längliche Keilchen (= Flutschkeilchen, weil sie leicht gleiten) formen und im siedenden Salzwasser köcheln. Wenn sie hochkommen, noch 10 Minuten gardünsten. Mit einer Schaumkelle herausheben und warm halten.

Inzwischen Butter und Speckwürfelchen zerlassen und mit den Zwiebeln knusprig rösten. Spirkel extra zu den Keilchen servieren.

Spruch aus der Heilsberger Gegend: „Wann öch gesund sai, dann aß ich alle Tage zwölf von dei grote Flutschkailche. Wann öch oawer krank sai, dann aß ich nur älwe, oawer der älfte muß größer sain als de andre."

Kartoffelflinsen

(für 1 Portion)

3 große Kartoffeln • 1 Ei • 1 Prise Salz
evtl. etwas Mehl • Öl
Zitronensaft oder 1 TL Essig

Kartoffeln in ganz wenig Wasser, dem einige Tropfen Zitrone oder Essig zugesetzt wurden, reiben. In ein sauberes Tuch zum Abtropfen schütten, leicht ausdrücken. Dann das Ei, Salz und wenn nötig Mehl dazugeben und alles zu einem nicht zu nassen Teig verarbeiten. In sehr heißem Fett, früher wurde Schweineschmalz genommen, goldbraun knusprig ausbacken. Noch heiß mit Zucker bestreut essen, dazu Apfelmus und Malzkaffee.

Kakalinski

(Rezept mit litauischem Ursprung)

1 kg Kartoffeln • 2 Eier • 4 EL Mehl
1 Knoblauchzehe • 1 fein geriebene
Zwiebel • Salz • weißer Pfeffer
Räucherspeck nach Geschmack

Einen Teig wie für Kartoffelpuffer herstellen. Dafür die Kartoffeln schälen, reiben und mit den Eiern und Mehl vermengen. Knoblauchzehe ganz fein schneiden und mit einem schweren Küchenmesser zerdrücken. Dann mit den Zwiebeln unter den Teig heben und würzen.

Auf einem gefetteten Backblech gleichmäßig Räucherspeckstreifen verstreuen und darauf dünn den Kartof-

felpufferteig geben. Obenauf wieder feine Speckstreifen verteilen.
Bei 180 °C das Blech mit „Kakalinski" nur kurz backen. Man sollte Sichtkontakt halten, sobald die Oberfläche der Speise braun wird, ist sie gut. Noch heiß in Stücke schneiden und sofort servieren. Zu Kakalinski gab es oft Kompott von selbstgesammelten Blaubeeren.

Kartoffelklöße auf ostpreußische Art

2 kg Kartoffeln • 2 Eier • 50 g Stärkemehl • 1 Prise Salz • 50 g Räucherspeck 1 mittelgroße Zwiebel

⅔ rohe geriebene Kartoffeln mit ⅓ durchgedrückten gekochten Kartoffeln mischen und mit Eiern, Stärkemehl und Salz zu einem Teig vermengen.

Von dem Kartoffelteig runde Klöße formen und in Salzwasser kochen. Räucherspeck in kleine Würfel schneiden, Zwiebel klein hacken und in etwas Öl bräunen. Über die abgetropften Klöße gebratene Räucherspeckwürfelchen und geröstete Zwiebel geben.

Allensteiner Quarkfrikadellen

(… in verschiedenen Regionen von Ostpreußen auch als Käsefrikadellen bekannt)

250 g frischer Quark (10–20 % Fett)
50 g Butter • 2 Eier • 2 Eigelb
3 EL Mehl • 1 EL Schmand • Salz
10 g feiner Zucker • etwas fein geriebene Zitronenschale • 1–2 EL Öl zum Braten

Quark durch ein Haarsieb passieren und mit den übrigen Zutaten (ohne Öl) gut verrühren. Zu runden Frikadellen geformt in Mehl wälzen und in Öl schön braun braten. Mit saurer Sahne servieren.

Quarkauflauf

50 g Grieß • ¼ l Milch • 200 g Quark 100 g entkernte Weintrauben • 50 g gemahlene Nüsse • 1 gestr. TL abgeriebene Zitronenschale • 1 Prise Zimt • 4 Eier

Den Grieß in der Milch kochen, abkühlen lassen. Mit dem Quark vermischen. Die Masse mit Weintrauben, Nüssen, Zitronenschale und Zimt vermengen. Eier trennen. Eiklar steif schlagen, unter die Masse heben. Eigelb ebenfalls darunter heben. Die Masse kräftig schlagen und in eine gebutterte Auflaufform geben. Den süßen Auflauf bei 180 °C 1 gute Stunde backen.
Zu dem Auflauf eine süße, etwas dick gehaltene Vanillesoße servieren.

Schaltenoßes

(Kalte Nasen)

Teig:

4 Eier • 200 g Weizenmehl
1 Prise Salz • 1 Eigelb

Füllung:

200 g Quark • 2 Eier • 50 g Zucker
1 Pck. Vanillezucker

Aus den Zutaten einen glatten Nudelteig bereiten, ausrollen und in ca. 10 cm große Quadrate schneiden. Die Enden mit verquirltem Eigelb bepinseln.
Alle Füllungszutaten gut verrühren. Diese Masse in kleinen Häufchen auf den Teigstücken verteilen. Die Ränder umklappen und fest aneinander drü-

cken. Die gefüllten Teigtaschen vorsichtig in leicht gesalzenes, bei gelinder Hitze sprudelndes Wasser geben. Wenn die Teigtaschen hochkommen, weitere 5 Minuten garziehen lassen. Direkt aus dem Topf auf die vorgewärmten Teller geben. Mit brauner Butter und Zimtzucker servieren.

Hauptgerichte

› Hafen von Klaipėda (Memel)

Schuppnis

750 g geschälte grüne Erbsen
500 g Kartoffeln • 500 g Schinkenspeck
750 g Schweinerippchen (alternativ: 500 g geräucherter durchwachsener Speck oder 1 geräucherter Schweinekopf)
2 Zwiebeln • 100 g Speck
Salz • Pfeffer

Die Erbsen und das Fleisch in wenig Salzwasser 2 bis 3 Stunden kochen. Die Kartoffeln extra kochen. Das Fleisch von den Knochen befreien und separat anrichten. Erbsen und Kartoffeln stampfen und vermengen. Dann die gerösteten Zwiebelscheiben und den ausgelassenen Speck (Spirkel) auf den Brei geben.

Schuppnis war eine beliebte Köstlichkeit, die es in den Orten an der Memel oft zur Fastnacht gab. In der Schule wurde an diesem Tag allerhand Schabernack getrieben und der Lehrer schickte die Kinder deshalb oft früher heim. Die Kinder freuten sich, wenn sie vorzeitig aus der Schule kamen und die Mutter ihnen Schuppnis gekocht hatte.

„Fastnacht feiert Katz und Maus.
Schuppnis gibt's in jedem Haus
Der Lehrer ist ein guter Mann,
der uns Ferien geben kann.

(Tafelspruch in der Schule um die Fastnachtszeit)

Gratnis

(auch *Kratnis* genannt)

In einen gusseisernen Bräter schichtweise frisches Sauerkraut und in kleine Würfel geschnittene, rohe Kartoffeln legen. Obenauf ein frisches Eisbein geben. (Es kann auch ein geräuchertes Eisbein sein.) Bei 150 °C auf der Mittelschiene im Ofen schmoren.

Nach ungefähr 2 Stunden sind die untersten Schichten gar und wohlschmeckend und das Eisbein wunderbar knusprig.

Senfeier

2 EL Butter • 2 EL Mehl
1 Tasse Fleisch- oder Gemüsebrühe
2–3 EL Senf • Salz • Zucker
Zitronensaft • 2 Eigelb • 8 Eier

Aus Butter und Mehl eine helle Mehlschwitze herstellen, mit der Brühe aufgießen, etwa 10 Minuten kochen, 2 bis 3 EL Senf darin glatt rühren, mit Salz, Zucker, Zitronensaft abschmecken. Von der Herdplatte nehmen und mit 2 Eigelb legieren. Inzwischen 8 Eier hart kochen, pellen, halbieren oder mit dem Eierschneider in Scheiben schneiden und in die Soße legen. Dazu schmecken Pellkartoffeln und Salat.

Schmandschinken

250 g Räucherschinken oder durchwachsener Speck (bei guter Kasse luftgetrockneter Schinken) • 1–2 Zwiebeln 2 EL Mehl • 5 EL Schmand • wenig Salz (der Schinken ist salzig genug) einige Pfefferkörner • 1–2 Lorbeerblätter • Fett zum Anbraten 500–600 g Kartoffeln

Schinken oder Speck in feine Scheiben schneiden, Zwiebeln fein würfeln. Beides in heißem Fett anbraten. Gewürze zufügen. Mit Mehl bestäuben und mit etwas Wasser ablöschen. Schmand dazugeben. Nur kurze Zeit garen lassen und solange warm halten, bis die Salzkartoffeln gar sind.

TIPP: Der Schinken, aus dem in Ostpreußen der berühmte Schmandschinken zubereitet wurde, ist heute nicht mehr erhältlich. Behelfen kann man sich mit Kasseler-Kotelett: Den Knochen abschneiden und das Fleisch in Butter und etwas Öl auf beiden Seiten ca. 5 Minuten anbraten.

Königsberger Klopse

(Familie Lube, Königsberg)

je 500 g Schweine- und Rindfleisch (gewolft) • 2 altbackene Brötchen • 1 Zwiebel • 1 Ei
Salz nach Geschmack
1 EL geriebener Käse

Tunke:

2 EL Fett • 2 EL Mehl • ½ l Klopsbrühe • etwas Zitronensaft • 1 Eigelb zum Legieren • 1 EL Kapern

Aus den obigen Zutaten einen Hackfleischteig bereiten. Klopse formen und in kochendem Salzwasser gar werden lassen. Eine helle Mehlschwitze herstellen und pikant abschmecken.

Königsberger Klopse aus Wildfleisch

500 g gehacktes Wildfleisch, gemischt
1 Brötchen • 2 große Zwiebeln
4 große Lorbeerblätter • 12 Körner Piment • 2 Eier • 4 EL Mehl
250 ml Kondensmilch • 4 EL Weinbrandessig • Salz • Pfeffer

2 l Wasser mit 1 grob gewürfelten Zwiebel, Lorbeerblättern, Pimentkörnern und 2 EL Essigessenz aufkochen. Bei geringer Hitze 25 Minuten kochen. Inzwischen das Brötchen in Wasser einweichen, ausdrücken. Die Eier trennen. Die zweite Zwiebel fein würfeln und mit Wildhack, Brötchen, Eiweiß, Salz und Pfeffer zu einem würzi-

gen Hackfleischteig verkneten. Aus der Masse 12 bis 15 Klopse formen. Die Klopse in den Essigsud geben und kochen lassen, bis sie oben schwimmen. Das dauert ca. 15 bis 20 Minuten.
Mehl und Eigelb in eine Schüssel geben. Die Kondensmilch ganz langsam mit einem Schneebesen einrühren, so dass es keine Klümpchen gibt.
Die fertigen Klopse, Pimentkörner, Lorbeerblätter und die Zwiebel mit einer Schaumkelle aus dem Topf nehmen und auf einen Teller legen. Dann die Mehlmischung unter ständigem Rühren in den Sud geben und unter Rühren aufkochen, vom Herd nehmen und mit Salz und Essigessenz abschmecken. Dann die Klopse und Zwiebel wieder hinzugeben.

Königsberger Klopse

(aus Groß Weide an der Weichsel)

500 g Gehacktes (halb und halb)
1 Ei • Pfeffer • Salz • 1 Zwiebel
2 Lorbeerblätter • 5 Pfefferkörner
1 TL Kapern • 1 Möhre • ½ Sellerie-knolle • Mehl • saure Sahne

Hack mit dem verquirlten Ei, etwas Salz und Pfeffer verkneten und eine halbe Stunde zugedeckt stehen lassen. Dann kleine Bällchen formen. In der Zwischenzeit in einem Topf 1 ½ Liter Wasser mit Zwiebel, Lorbeerblättern, Pfefferkörnern, Kapern, Möhren- und Selleriewürfeln eine halbe Stunde leicht kochen lassen. Jetzt die Bällchen dazugeben und den Topf an den Herdrand ziehen. Nach 20 Minuten sind die Fleischbällchen gar. Den Topf wieder auf den Herd stellen und die Brühe aufkochen lassen. Etwas Weizenmehl in saurer Sahne anrühren und dazugeben. Dann noch einmal aufkochen lassen, bis die Soße sämig wird. Dazu gekochte Salzkartoffeln servieren.

Jede ostpreußische Familie hat diese Spezialität anders zubereitet, und die Kinder und Enkel kochen das Gericht heute in ihrer eigenen Familientradition weiter.

Dominsel, Königsberg

Marinierte Buletten

(Spezialität aus Allenstein)

Buletten:

500 g Schweinefleisch
(nicht zu fett, fein durchgedreht)
1 feingehackte Zwiebel • 2 Eier
50 g gekochter Langkornreis
2 Brötchen (eingeweicht)
50 g Spinatblätter (blanchiert)
5 g feingehackte Petersilie
5 g feingehackte Dillstängel, ohne
Spitzen • Salz • Pfeffer • Kümmel
etwas Muskat • 30 g Mehl
3–4 EL Olivenöl

Soße:

2 EL Weinessig • 3 Lorbeerblätter
1 EL Tomatenmark • 50 g saure Sahne

Die Bulettenmasse gut verkneten und zu runden, flachen Klopsen formen. Es empfiehlt sich, pro Person 3 Klopse à 50 g zu rechnen. Klopse in Mehl wälzen und in Olivenöl scharf anbraten. Die Buletten im Ofen bei 100 °C etwas nachgaren.

In dieser Zeit den Bratenfond mit Weinessig, zerriebenen Lorbeerblättern und Tomatenmark verrühren. Wenn sich eine dunkelbraun-rötliche Masse gebildet hat, saure Sahne und 150 ml Wasser zugießen. Soße vor dem Servieren passieren und zu den Buletten reichen.

Wehlauer Pferderoulade

4 Pferderouladen aus der Keule à 180 g Salz • schwarzer Pfeffer • 150 g Edelschimmelkäse • 4 lange dünne Möhren 4 Stängel Basilikum • 50 g Butterschmalz • ¼ l Fleischbrühe • 2 rote Paprikaschoten • 2 EL Mehl 50 g Crème fraîche

Die Rouladen salzen, pfeffern und gleichmäßig mit dem Edelschimmelkäse bestreichen. Die Möhren schälen, längs in Streifen schneiden und mit den Basilikumstängeln auf die Rouladen legen. Diese aufrollen, feststecken und im heißen Butterschmalz rundherum braun anbraten. Die Fleischbrühe seitlich angießen und die Rouladen zugedeckt bei nicht zu starker Hitze etwa eine halbe Stunde schmoren lassen. Paprikaschoten putzen, waschen und grob würfeln. Die Paprikawürfel erst kurz vor Garende zugeben. Das Mehl in einem Tiegel anrösten und mit der Crème fraîche vermischen. Dann die Soße damit binden. Als Beilage schmecken Rotkohl und Klöße.

› *Kopernikus-Denkmal, Allenstein*

Schweinebraten mit Backpflaumenfüllung

(Mehlsack um 1920)

1 kg Schweinefleisch (Keule oder Kotelettstück) • 1 Apfel • 150 g Backpflaumen • Majoran • Salz • Pfeffer 150 ml saure Sahne • 2 Scheiben Mischbrot zum Andicken der Sauce

Den Ofen auf 180 °C vorheizen. Eine Tasche in das saubere Bratenfleisch schneiden, alles gut mit Salz einreiben (auch die Tasche innen).

Apfel schälen, entkernen und in Spalten schneiden. Apfelspalten mit den Backpflaumen mischen. Majoran nach Geschmack daran geben, leicht pfeffern. Die Füllung in die Tasche

geben, mit Rouladennadeln verschließen. Den Braten in einen Bräter setzen, etwas heißes Wasser zugießen und für 1 ½ Stunden in den Ofen schieben. Zwischendurch ab und zu wenden und immer wieder mit Wasser begießen.
Wenn der Braten braun ist, herausnehmen. Zum Bratenfond saure Sahne geben. Die Brotscheiben ohne Rand zerkrümeln und damit die Soße andicken. Mit Salz und Pfeffer abschmecken. Braten in Scheiben schneiden, Soße darübergeben und mit Klößen und Rotkohl servieren.

Putenflügel nach Gutsherrenart

(Gut Kalgen um 1880)

4 Paar Putenflügel • 1 TL Salz
10 Pfefferkörner • 100 g frische Champignons • 50 g Paniermehl
1 EL mittelscharfer Senf • 50 g Butter
frische Petersilie • 1 Zitrone

Die Putenflügel sauber putzen, in etwas Wasser mit Salz und Pfefferkörnern weich dämpfen und auf einem Abtropfgitter abkühlen. Die frischen Champignons ganz fein hacken und mit Paniermehl vermischen. Nun die ausgekühlten Flügel leicht salzen und mit Senf bestreichen. Dann im Paniermehl-Champignon-Gemisch wenden. Das Gemisch schön fest andrücken, die panierten Putenflügel mit Butter beträufeln und auf einem Blech in der heißen Röhre bei 180 °C backen. Mehrfach vorsichtig wenden. Auf einer Platte anrichten und mit frischer Petersilie und Zitronenscheiben garniert servieren.

Lachs nach Niddener Art

4 Lachsfilets à 150 g • 1 l Fischbrühe
50 g Butter • 50 g Mehl • Salz • Pfeffer
250 g saure Sahne • 4 EL scharfer Senf
2 EL Kapern • 2 EL Olivenöl
750 g Kartoffeln

Die Fischbrühe aus den Gräten, dem Kopf und der abgezogenen Haut des Fisches herstellen. Mit Butter verfeinern und mit Mehl andicken, so dass eine weiße Fischsoße entsteht. Nur mit Salz und Pfeffer würzen. Dann die saure Sahne hinzugeben. Der zarte Lachsgeschmack darf nicht überdeckt werden.

Die 4 Lachsfilets in Olivenöl braun braten. In eine längliche Pfanne legen und mit den geschälten, in Scheiben ge-

schnittenen Kartoffeln umlegen. Dann alles mit der Fischsoße übergießen und in der Backröhre bei mittlerer Hitze eine halbe Stunde backen.
Zu diesem Fischgericht passt ein Kopfsalat im würzigen Joghurtdressing mit frischen Küchenkräutern.

Allensteiner Karpfen

1 küchenfertiger Karpfen (1,5–2 kg)
100 g Mehl • 1,5–2 kg Zwiebeln
3–4 EL Öl • 2 EL Tomatenpüree
100 ml Weißwein • 1 Zitrone • Pfeffer
Paprika, edelsüß • Lorbeerblatt • Salz

Karpfen waschen, trocken tupfen, in Stücke schneiden, mit Salz und Paprika würzen, in Mehl wälzen und in 2 EL Öl anbraten. Je nach Karpfengewicht die Zwiebelmenge abmessen, d.h. so viele Zwiebeln wie der Karpfen gewogen hat, in Scheiben schneiden und goldgelb in Öl anrösten, mit Tomatenpüree, Wein, Pfeffer, Lorbeerblatt, Zitronensaft und Salz zu einer Marinade kochen. Alles über die Karpfenstücke gießen, im auf 180 °C vorgeheizten Ofen in ca. 15 Minuten gar dünsten. Das Gericht kalt, mit Zitronenscheiben garniert, servieren.

Lachs mit gelben Rüben und Makkaroni

1 kg Lachs (Mittelstück) • 1 Möhre (ca. 100 g) • 2 Zwiebeln (ca. 150 g) 1 großes Stück Lauch (100 g) 250 g gelbe Rüben • 600 g Kartoffeln 150 g Makkaroni • 1 EL Olivenöl 100 g Butter • 2 Eigelb 100 ml Weißwein (trocken) 100 g geriebener Meerrettich 50 g Parmesan • 1 Bund Petersilie

Möhre, Lauch und Zwiebeln putzen und in kirschgroße Stücke schneiden. Dann in 1 l Salzwasser auskochen. In den Gemüsefond das entgrätete, enthäutete Lachsmittelstück geben, leicht köcheln lassen.

Inzwischen die Rüben putzen und mit einem Buntmesser in Scheiben schneiden. Die geschälten Kartoffeln ebenfalls mit dem Buntmesser in Scheiben schneiden.
Makkaroni in Salzwasser bissfest kochen und warm stellen. Um zu verhindern, dass sie zusammenkleben, das Öl darübergeben.
Nun den Lachs herausnehmen und ebenfalls warm stellen. Den Gemüse-Lachs-Fond durchseihen. In der einen Hälfte des Fonds die Kartoffel- und Rübenscheiben zusammen gar kochen. Die andere Hälfte für die Sauce hollandaise nutzen. Dafür die Butter langsam in einem Topf zerlassen und das Eigelb dazurühren. Nicht zu heiß, sonst gerinnt das Eigelb. Jetzt den

› *Thomas-Mann-Sommerhaus, Nidden*

warmen Gemüse-Lachs-Fond dazugeben. Die Hollandaise bis zum Servieren ebenfalls warm stellen.
Den portionierten Lachs auf einem Sockel von Makkaroni anrichten, reichlich mit Hollandaise übergießen und mit Kartoffel-Rüben-Scheiben umlegen. Mit reichlich gehackter Petersilie bestreuen.

Dieses Gericht gab es oft im „Dorfkrug“ in Nidden an der Kurischen Nehrung. Es wurde gern von den Gästen und Bewohnern der Künstler-Kolonie bestellt. Laut Überlieferung soll auch der Schriftsteller Thomas Mann ein Liebhaber dieses Lachsgerichtes gewesen sein.

Kochfisch in saurer Sahne

mindestens 200 g Fischfilet pro Person
Möhren • Selleriekraut • Zwiebel
10 Pimentkörner • 2 Lorbeerblätter
1 TL Salz • 1 EL Weinessig
200 g saure Sahne

In einem Topf 1 Liter Wasser erhitzen und das klein geschnittene Gemüse dazugeben. 15 Minuten köcheln, nun die Gewürze und das Fischfilet zufügen. 20 Minuten lang garziehen. Das Wasser darf nicht mehr kochen. Den Fisch herausnehmen und heiß stellen. Die Fischbrühe noch einmal kochen lassen und dann in einen anderen Topf durchseihen. Nochmals aufkochen, saure Sahne einrühren und sämig werden lassen. Die Sauce vor dem Servieren über den Fisch gießen. Dazu passen Salzkartoffeln.

TIPP: Auch ***Butterfische*** waren beliebt. Dafür Süß- oder Salzwasserfische (Aal, Hechte, Zander, Barsche) mit viel Gemüse kochen und die Brühe mit süßer Sahne und Mehl binden. Vor dem Anrichten wird das Fischgericht mit reichlich frischer Butter abgeschmeckt.

Kuchen & Desserts

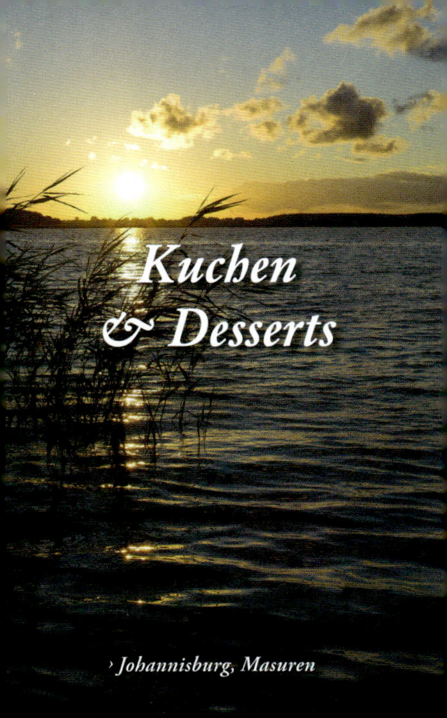

› *Johannisburg, Masuren*

Johannisburger Apfelkuchen

1 kg säuerliche Äpfel, geschält, entkernt
4 EL Zucker • 2 TL Zimt • abgeriebene
Schale und Saft von 1 Zitrone • 4 Eier
250 g Staubzucker • 250 g Rapsöl
250 g Mehl • 1 Pck. Backpulver
1 Pck. Vanillezucker

Den Backofen auf 180 °C vorheizen. Eine Springform (28 cm Ø) fetten. In einer großen Schüssel 2 EL Zucker, 1 TL Zimt, Zitronenschale und -saft mischen und die Apfelstückchen darin wenden. In einer zweiten Schüssel die Eier und den Staubzucker 3 bis 5 Minuten schaumig schlagen. Das Öl sorgfältig unterschlagen. Mehl mit

Backpulver, 1 TL Zimt und Vanillezucker vermischt einrühren, bis die Masse glatt ist. Die Hälfte der Masse in die vorbereitete Form gießen. Mit einem Löffel die Hälfte der Äpfel über den Teig geben. Die Apfelstückchen mit der restlichen Teigmischung bedecken, und darüber weitere Apfelstücke verteilen. Mit ca. 2 EL Zucker bestreuen. 1 ¼ bis 1 ½ Stunden backen, bis die Äpfel weich sind und der Kuchen schön golden gebräunt.

Tilsiter Kirschwaffeln

125 g Butter • 100 g Zucker • 1 Pck. Vanillezucker • 3 Eier • 150 g Mehl 1 Prise Salz • 500 g Sauerkirschen 1 Becher Sahne-Frischkäse (125 g) 200 g Sahne • 2 EL Zucker • Zimt

Weiche Butter, Zucker, Vanillezucker und Eier schaumig schlagen. Mehl und Salz zufügen, alles gut verrühren. Den Teig einige Minuten stehen lassen und dann im gefetteten Waffeleisen ausbacken. Sauerkirschen entsteinen und mit dem Frischkäse mit dem Mixstab pürieren, Sahne steif schlagen, unterheben und mit Zucker und Zimt abschmecken. Die Kirschcreme zwischen den Waffeln verteilen und servieren.

Reuschenfelder Himbeerkuchen

(Rezept von 1920)

500 g Mehl • 200 g Zucker
200 g Butter • 1 Eigelb • 500 g frische Himbeeren • 1 Pck. Vanillezucker
4 EL Johannisbeergelee

Mehl mit dem Zucker mischen, die kalte Butter in Stückchen schneiden und mit der Hand einkneten. Das Eigelb zugeben und alles zu einem streuselartigen Teig kneten. Den Teig halbieren und die eine Hälfte in eine gefettete Springform geben. Jetzt die Himbeeren waschen, trocken tupfen, mit Vanillezucker und Gelee vermischen und auf dem Teig verteilen. Anschließend den Rest des Streuselteigs darauf geben. Im vorgeheizten Ofen bei 180 °C ca. 40 Minuten backen.

TIPP: Man sollte diesen leckereren Kuchen möglichst frisch essen.

Kastanienpudding à la Schlobitten

500 g Esskastanien (Maronen)
1 l Milch • 1 Vanilleschote
300 g Zucker • 10 Eigelb
5 EL Aprikosenmarmelade
500 g Schlagsahne • 4 cl Maraschinolikör • 100 g Rosinen • 1 EL Zitronat

Die von ihrer Schale und Haut befreiten Kastanien mit der kochenden Milch übergießen und die Vanilleschote dazugeben. Alles in einer Schüssel gut zugedeckt 60 Minuten an einen warmen Ort stellen. Die Rosinen in Maraschinolikör einweichen, ebenfalls beiseite stellen. Eigelb mit Zucker in einem Schlagkessel über

einem Wasserbad aufschlagen. Zu der dickschaumigen Masse nach und nach die Aprikosenmarmelade dazugeben, weiter schlagen.
Die Kastanien mit der Milch durch ein Haarsieb streichen, diese Masse zur Ei-Marmeladen-Mischung geben und weiter unter Hitze schaumig schlagen.
Die Masse aus dem Wasserbad nehmen, abkühlen lassen. Dann die Masse in den Gefrierbehälter (heute Tiefkühlfach) stellen und oft umrühren. Sobald die Masse fest ist, aus dem Behälter nehmen. Nun die eingeweichten Rosinen, die steifgeschlagene Schlagsahne und das Zitronat unterheben.
Den Kastanienpudding in Schälchen abfüllen, vor dem Servieren stürzen und mit Schlagsahne verzieren.

Domnauer Mandelspeise

100 g gemahlene Mandeln
100 g Semmelbrösel • 2 Eier
100 g Zucker • ½ l Milch
Zimt oder Nelke
1 TL abgeriebene Zitronenschale

Mandeln mit Semmelbrösel, den Eiern (Eiweiß trennen, steifschlagen und unterheben), Zucker und Milch vermengen und würzen. Dann in eine kleine gebutterte Auflaufform geben und 40 Minuten bei 180 °C backen. Stürzen und nach dem Erkalten mit einer Vanille- oder Fruchtsoße servieren.

Hochprozentige & süße Spezialitäten

› Alter Wasserturm, Rauschen

Bärenfang

500 g Honig (allerbester Blütenhonig)
500 ml Wodka • 500 ml Weingeist
(96 %Vol.), auch Primasprit genannt
2 Stangen Zimt • 1 Vanilleschote
2 unbehandelte Zitronen, hauchdünne Spiralen abschälen

Honig in wenig Wodka bei milder Hitze unter ständigem Rühren flüssig werden lassen. Dann den übrigen Wodka und den Weingeist unterrühren. Die Zimtstangen, die aufgeschnittene Vanilleschote und die Zitronenschalen dazugeben, unter ständigem Rühren noch mindestens 20 Minuten auf dem Herd lassen. Dabei darf die Mischung aber niemals zum Kochen

kommen. Abkühlen lassen und in ein hohes, schmales Gefäß geben.
Gut verschlossen mindestens 10 Tage an einem dunklen, nicht zu kühlen Ort durchziehen lassen. Dann die Gewürze entfernen, den Likör in Glaskaraffen mit breiter Öffnung füllen. Nicht zu kühl aufbewahren, damit der Honig nicht fest wird.

Pillkaller

(eine Stammtischspezialität)

Leberwurst, schnittfest • Senf, extra scharf • 4 cl Doppelkorn oder Wacholderschnaps (Steinhäger oder Gin)

Eine Scheibe Leberwurst mit einem Tupfen Senf garnieren und essen. Mit einem Schnapsglas Doppelkorn „hinunterspülen".

Eine andere Art des Verzehrs ist die Wurst mit Senf in das Schnapsglas zu geben und mit dem Alkohol zu übergießen. Dann alles zusammen „verzehren".

Der „Pillkaller" gehört zur ostpreußischen Lebensart. Das Getränk bekam seinen Namen nach der Stadt Pillkallen, wo es vermutlich zuerst getrunken wurde. Der Pillkaller, auch als Pillkaller Machandel bekannt, war eine zur damaligen Zeit weit über die Grenzen von Pillkallen hinaus beliebte alkoholische Spezialität und wird noch heute von Kennern der ostpreußischen Küche als Aperitif getrunken.

Die Pillkaller galten übrigens nicht nur als trinkfest („Es trinkt der Mensch, es säuft das Pferd. In Pillkallen ist es umgekehrt"), sondern auch als rauflustig: „Aus Pillkallen ungeschlagen kommen, ist ein Glücksfall!"

Reuschenfelder Himbeerlikör

5 kg Himbeeren • 5 l Kornbranntwein
1 kg weißer Kandiszucker

Himbeeren gut waschen und abtropfen lassen, in einen großen Ballon einfüllen, danach Kornbranntwein und zum Schluss Kandiszucker zugeben. Jetzt den Ballon verschließen, für mindestens vier Wochen an einen dunklen Ort stellen und gelegentlich gut schütteln. Nach vier Wochen absieben und die Beeren in einer Presse auspressen. Den Likör in Flaschen füllen. Kühl servieren.

Wilhelm Braemers Königsberger Marzipan

500 g süße Mandeln • 3–4 bittere Mandeln oder 2–3 Tropfen Bittermandelöl • 350 g Puderzucker • 2–3 EL Rosenwasser • 2–3 Eiweiß

Zuerst die Mandeln enthäuten. Dafür die Mandeln mit kochendem Wasser übergießen, kurz stehen lassen, dann die Schalen abziehen. Abgezogene Mandeln einige Minuten trocknen lassen, dann die Mandeln so fein wie möglich mahlen. Die gemahlenen Mandeln mit dem Puderzucker und bitteren geriebenen Mandeln oder dem Öl mischen. Nach und nach das Rosenwasser zufügen. Alles zu einem festen Teig verkneten. Den Teig 12 bis 24 Stunden an einem kühlen Ort ruhen lassen. Nach dieser Ruhephase die Teigmasse etwa ½ cm dick ausrollen. Nun Motive und Figuren ausstechen und modellieren. Im Backofen bei reichlich Oberhitze (160–180 °C) backen, bis das Marzipan etwas gebräunt ist. Aus dem Ofen nehmen und sofort mit dem Eiweiß bestreichen.

Königsberger Marzipan

500 g süße Mandeln • 500 g Puderzucker • 4 EL Rosenwasser • Eigelb

Mandeln fein reiben, dann mit Puderzucker vermengen und mit Rosenwasser beträufeln. Diese Masse so lange kneten, bis sie sich rollen lässt. Mit einer runden Ausstechform zwei Messerrücken dicke Platten ausstechen. Die Oberfläche mit verquirltem Eigelb bestreichen. Auf diese Platten die Marzipanwalzen legen, die man ebenfalls aus der Masse geformt hat.
Mit einer Gabel Ornamente in die weiche Marzipanmasse drücken. An einem kalten Ort ruhen lassen und nach zwei Tagen kann man es kosten.

Rezeptverzeichnis

Bildnachweis

Seite 2: Königsberger Dom (1325), Wahrzeichen der Stadt Königsberg (heute russ. Exklave Kaliningrad)

Seite 10/11: Ruine Schloss Schlobitten (heute poln. Słobity)

Seite 15: Leuchtturm „Windenburger Eck“, Kreis Heydekrug/Memel (heute litauisch „Ventės ragas“ švyturys, rajonas Šilutė)

Seite 32/33: Königin-Luise-Brücke, Tilsit (heute russisch Sowetsk)

Seite 46/47: einstige Ordensburg Heilsberg (heute poln. Lidzbark Warmiński)

Seite 61: Hafen von Memel (heute litauisch Klaipėda)

Seite 76/77: Blick zur Dominsel, früher auch Kant- oder Kneiphofinsel genannt, Königsberg (heute russ. Exklave Kaliningrad)

Seite 82/83: Nikolaus-Kopernikus-Denkmal vor der Burg Allenstein (heute poln. Olsztyn)

Seite 94/95: ehemaliges Sommerhaus von Thomas Mann in Nidden (heute litauisch Nida), im Volksmund „Onkel Toms Hütte“ genannt

Seite 99: Johannisburg in den Masuren (heute poln. Pisz)

Seite 110: Alter Wasserturm (1900/1908) – Wahrzeichen des beliebten Seebades Rauschen (heute russ. Swetlogorsk)

Titelfoto: Colourbox.de

Innenfotos: Seite 2, 15, 19, 25, 51, 55, 57, 61, 66/67, 76/77, 82/83, 101, 113: Colourbox.de; Seite 10/11: bilobalo; Seite 27: gkrphoto; Seite 31: Dar1930; Seite 32/33: Andrea Seemann; Seite 37: O.B.; Seite 41: Carmen Steiner; Seite 46/47: Cinematographer; Seite 71: Szakaly; Seite 89: toyechkina; Seite 94/95: thauwald-pictures; Seite 99: kreatorex; S.E. shooting; Seite 110: mulderphoto; Seite 117: sichkarenko_com; Seite 121: dream79 (alle Fotolia.com)

MINIBIBLIOTHEK